JN110965

凡人以下の僕が成功するための3つの戦略

ぞろ屋代表
内田正彦 著

はじめに

はじめに断っておきます。

この話は、**逆転満塁ホームランの大逆転ストーリー**、ではありません。借金500万から約4年で年収1千万までたどり着いたという、まだ道半ばの、小さな小さな成功の話です。聞く人によっては、何の役にも立たないでしょう。4年というのも微妙に長いですよね。

しかし、だからこそ。

現状、年収1千万円が手に届きそうにない方にはもちろんですが、「人生、お金じゃない」と思っているあなたにもお伝えしたい。特に、**年収800万円以下の会社員、フリーター、個人事業主**のあなたに。

今、あなたがこんな思いでもがいていたら、この話はお役に立てるでしょう。

- 頑張っても頑張っても報われない。**年収は上がらず、いつもお金の心配**をしている。
- 自分の人生、主人公は自分しかいないのに、**他人に人生の主導権を握られている**。
- 話すのも、**同じ空気を吸うのもわずらわしい、嫌なヤツと**一緒に働かなくてはいけない。

●「俺は、成功する!」と周囲に豪語して10年余り、もはや**家族も周囲からも期待されなくなった。**

●お金が原因で、家族と口論になる。しまいには、**なんで思うように動いてくれないんだと不満**を持つ。

●自己投資として、**マーケティングやスキルアップの教材**を手に入れるも、実戦で活かせない。

●達成するはずだった**夢や目標も、とっくに期限切れ**となり、自己嫌悪に陥り、劣等感にさいなまれる。

これは、他でもない。**10年前の僕自身の姿**でもあります。

もし……、という仮定は無意味ですが、可能ならば10年前の自分に教えてやりたい。そうすれば、昨年末（2022年末）に亡くした最愛の祖母には、もっと孝行してやれたでしょう。時間は、命そのもの、です。祖母から受けた恩を、僕は十分に返せませんでした。

だから、10年前の僕と同じように悩み、くすぶっているあなたに、役立ててほしいと思います。これから日本は、**給料は上がらないのにモノの値段はますます高くなる**といわれています。**国民が苦しむ中、増税もされる**でしょう。もしかしたら、僕と同じように、**あなたの愛する人**

は、あなたが成功するのを待ってくれないかもしれません……。

　これを読んでいるあなたはきっと、僕よりも能力がある方だと思いますから、同じように行動しても4年はかからないと思います。

　いや、断言できる。

　こんな成功とはいえない小さな成果でも、その**要因となった3つの戦略をすぐに実践すれば、1～2年で同じくらいの結果は出せます**。僕はかなり、回り道をしてきました。ここでは、その回り道や失敗を含めて、包み隠さず、カッコつけず、無様なありのままをお伝えします。ですから、それらを教訓にしていただき、成果の上がる戦略に集中するだけでも、1～2年分の近道を選択できるはずです。

　何しろ僕は、ほんの6年ほど前まで10年間、借金で借金を返す暮らしをしていて、その額500万円。当時の年収は最高額で420万円でしたから、完全に分不相応の借金でした。年利は10・8%～14・8%です。10年間で支払った利息を計算すると約418万円にもなりました。まるまる1年間、タダ働きをしたのと同じです。

　しまいには、**勤めていた会社で「クビ候補」といわれ、まさに崖っぷち状態**に……。何かひとつミスすれば破産、というところまで追い詰められていました。家族には平気な顔を装って

いましたが、かなり打ちのめされていたと思います。当時、尊敬していた上司からは

「お前は凡人以下の能力しかない」
「努力は認めるがポイントを外しているので成功できない」
「人間が軽い。判断が浅すぎる。小学生レベルだ」

と言われました。

そんな僕が、

なぜ、借金500万円「クビ候補」の崖っぷち状態から年収1千万到達できたのか？
凡人以下の能力しかない僕が、何をして、どう考え、どんな習慣を身につけたとき、人生が上向き始めたのか？

今ならその理由を【3つの戦略】をもとに具体的に説明できます。あなたがマネをして同じような結果が得られるよう、図式化して提示することができます。

これからその凝縮したエッセンスをお伝えするので、ぜひ参考にしていただき、**他人に人生の主導権を握らせない人生**を、選択してください。

CONTENTS

CONTENTS

借金500万円&クビ候補!「崖っぷち」会社員からのスタート

転機となったのは、2017年1月4日。雪の降る日でした。

大型書店に併設されたコーヒーチェーンで、取りつかれたようにノートに何かを書きなぐっていました。店内は混雑していて、ボサノバ調のBGMもかき消されるほど騒がしい年のはじまりのことです。

何を書いていたか?

あとから読み返そうと思っても難しいレベルの汚い文字。でも、読み返さなくても、何を書いていたかはわかっています。その時点で**33年分の人生の恨みつらみ、不満、はらわたが煮えくり返ったこと、優しくしてくれた人たちのこと、恩を返したい人、ムカつくヤツこと、満た**

したい欲望、実現したかったこと、失敗したこと……心にある全部を、吐き出していました。**下品で、下劣で、卑劣で、とてもじゃないけどここでは書けない表現**で書いていたと思います。当時は借金が500万円。給料がはいったら、一部を返済し、すぐに借金して、生活を工面していました。もし、何かの事故で、突然20万円の支払いをしなければならなくなったら……間違いなく、自己破産。そこまで崖っぷちでした。

そもそも年収400万程度のサラリーマンがなぜ、500万借金するまでになったのか？借金しようと思っても、簡単にはできないと思います。ありとあらゆる手を尽くして、借金しました。ちょっと恥ずかしすぎて、詳細はいえませんが……。しかしその多くは（経験も含めて）自己投資。そう考えるようにしています。

だからこそ、終わりの見えない借金生活と、その現実を受け止められませんでした。

万が一、クビになっても生きていくために決意したこと

その日、2017年1月4日。半日かけて、A5サイズの手帳の数十ページを埋め尽くした

あと、ひらめきました。正確には「とにかく、やるしかない」という思いです。**ネットで稼げるようになろう。**

誰もが考えつく、普通のことでしょう。その時は、ぼんやりとそう考えたのではなく「**これしかない**」「**これができなかったら、人生、終わる**」と思っていました。後で考えればたいそうなことではないのに、飛び込み台からプールに飛び込むような決死の覚悟だったんです。

というのもその前年、長年勤めていた会社で、幹部であったにも関わらず、度重なる業績不振もあって「**クビ候補**」といわれました。深夜に及ぶ営業会議の中で、社長がポロッとつぶやくように漏らしたのです。当時は、セールスで結果を出すことができませんでした。勉強を重ねても、本に書いてあったことを試しても、空回り。時々うまくいくことはあっても、持続しません。セールスやマーケティングに関する本はなりふり構わず、読み漁りました。それでも、結果が出ない。**自分は「デキる」人間だと過信していたので、実態のない自信はどんどん失われていったん**です。

ところが、自身の中に巣くうドロドロした感情を吐き出したとき、わずかに光が見えました。会社に**勤めながら稼げるスキルを身につければいい。**ネットなら、それができる。万が一、クビになっても生きていける。と。

20代からの目標に再チャレンジ！

ネットで稼ぐ。1年で借金完済だ！　2年後には、自分でレストランをやるぞ！

とりあえず、漠然と目標を決めました。2017年の手帳に、2年後には自分のレストランを開業する、と書きます。二十代からの目標はレストラン開業。2017年当時で、国内には2000人弱しかいない『シニアソムリエ』というワインの資格を持っていました。ワインを通して、お客様を楽しませることには自信があったのです。

とはいえ、ネットでの稼ぎ方なんてまったくわかりません。

調べてみると、代表的な手法は「アフィリエイト」だと分かりました。しかし、実際には月5千円以上の収益を上げられる人はたった5%だといいます。ど素人が始めて、生活できるまでにどれだけかかるんだ？　と思いました。確かに、記事を書いてメディアを作り、そのメディアが広告塔となって回りだせばスゴイことになるでしょうが、そんな芸当はできそうにありません。

では、他の方法は、というと「WEBライター」という職業があることを知ります。これならいけるかな。と思いました。実は24歳の時、ワインのエッセイコンテストで最優秀賞をいただき、副賞がアルファロメオという豪華なプレゼントをもらった経験があるんです。大学では日本文学を研究しており、卒業論文は『谷崎潤一郎研究』。ゼミの先生からは大学院の卒論レベルと褒められました。文章には少しだけ、自信があったのです。

でも、どうやって仕事をとっていくのだろう？　と調べていた時、衝撃を受けました。世の中に、こんなサイトがあったのか！　と……

人生を変えたクラウドソーシングサイトとは

そのサイトとは、ココナラ。

当時のココナラのキャッチコピーにグッときました。2017年当時は現在とは少し違い「**得意の売り買いココナラ**」「**個人のスキルマーケット**」と謳っていたと記憶しています。

ご存じない方のために簡単に紹介すると、個人がスキルを販売できるマーケットプレイスで、その分野はビジネスで活用できるＷＥＢ制作やマーケティング、ロゴ制作、動画制作、事務作業の手伝いなどから、占いや電話相談、似顔絵制作などプライベートにも役立てるサービスが約40万件。利用者は２０１９年４月時点で約百万人。年々、増加しており、２０３０年には１兆６千万円のマーケットになるとの試算も出ていました。

このマーケットプレイスなら、平日13時間本業に時間をとられても、すき間時間でスキルをつけていくことができる！　と思いました。さあ、さっそく、ＷＥＢライターの仕事を始めようかと思ったのですが、

「ちょっと待てよ……」

ＷＥＢライターで稼ぐといっても、１文字たかだか２円で、４千字書いて８千円。良く知った分野であればいいが、調べる時間など考えたら、３時間はかかる。時給だと２６６６円だけど、ＷＥＢライターで生計を立てたいわけではない。**２年後にレストランをオープンすることに結びつかない……。**

ビジネスからプライベートまで
お困りごと・お悩み解決は
オンラインで発注＆相談♪
coconala
ココナラ
検索
無料会員登録

レストラン開業×WEBライティング×マーケティング＝ホームページ制作

「一石二鳥じゃだめだ、できる人間は、一石三鳥、1アクション3効果を狙う」

レストランで働いていた時、オーナーに教えられたことがあります。それを思い出しました。テーブルサービスで、お皿を下げに行ったら、同時に別の卓のワインを注ぎ、隣の卓のオーダーをとってスタッフに手渡し、また別の卓のお客様と和やかに会話する。さらに頭の中では、A卓は次パスタ料理、B卓はデザートが来る。A卓のパスタができあがるまでに、B卓の皿を下げて、デザートのフォークとスプーンをセッティング……。

と最低でも3手先を常に考えていました。

WEBライターをやったところで、レストラン開業には結びつきま

せん。レストラン開業を目標にしながら、ネットで稼ぎ、なおかつ、レストラン開業と同時に持続して成功することはできないか。そこで、思いついたのが、

2年後にオープンするレストランのホームページ制作

まだ成功してないけど、借金500万円のマイナススタートから成功するまでのサクセスストーリーを綴る奮闘記を書いたら面白いんじゃない？　と考えたわけです。

これなら、

- レストラン開業の準備をしながら、やろうと思えば**ブログアフィリエイトもできる。**
- さまざまな**マーケティングテストができる。**
- **WEBライティングを学び**ながら、リアルに実践できる。
- **ホームページ制作のスキルが身につく。**
- もし、本当に借金500万から2年後レストラン開業できたら、**メディアが飛びつくようなトピックになる。**

●成功する前から書き綴ってきた**成功体験を書籍化できるかもしれない。**

●2年間のリアルな一歩一歩を、追体験していただくことで、**人に勇気を与えられるかもしれない。**

●ホームページ制作のスキルが身につけば、**他社のホームページ制作代行を受注できる。**

●コンテンツを積み重ねることで、それが**資産となり、思いもよらぬ収益化となるかもしれない。**

2年後の2019年にオープンを目指すレストランのホームページを作ることで、これだけのメリットが期待できました。

ただ、一つ問題があります。**WEB制作のノウハウなんて、当時は何一つ持ってなかったんです。**

スキルゼロで、なぜ、ホームページ制作をはじめたのか？

ココナラを調べていると、ホームページ制作が５０００円（※２０１７年当時）で作れることに驚愕しました。一方、上限はその百倍の50万円……。

ココナラでは、出品されているサービスが何件販売されたか分かるようになっています。購入者からの評価コメントも見れるので、どういうサービスが売れていて、人気があるのかが分かります。見ると、５０００円のサービスは20件、50万円のサービスは1件。10万クラスのサービス、30万クラスのサービスもあって、それぞれ多少なりとも売れています。一般的に、ホームページ制作会社に依頼すれば１００万～２００万ほどかかりますが、そこから比較すれば50万円でも安いくらいです。

そこまで考えて、なるほど！　と思いました。

ココナラは、アマチュアでもスキルがあれば勝負できるんだ！

ココナラのもともとのコンセプトは、個人の得意（＝スキル）を売り買いするマーケット。プロレベルでなくても、価格次第ではお役に立てる。たとえば、とりあえずホームページがあるだけでいい、という人や、デザイン機能にこだわりなく、とにかく安くでホームページを作ってほしいという人はいます。

スキルゼロでも、レストランのホームページを構築しながら、制作の仕方を学び、その学びを他で役立てながら、さらにスキルを上げていくことが可能だと、わかったんです。しかも、**もし、プロ並みのスキルがつけば、50万円でそのサービスが売れるかもしれません。**

そして、もう一点。

レストラン運営やセールス、マーケティングに十年以上携わっていて、たくさんのビジネス書を読みこんでいたので、知識だけは持っていました。ホームページを作るのは、営利企業の場合、売上につなげたいからです。それならば、マーケティング視点が欠かせません。

どんなにデザインが良くても、そのホームページが収益を生まなければ存在しないのと一緒。ということが実践経験からわかっていました。**マーケティングとWEB制作を掛け算すれば、WEB制作のスキルゼロでも勝てるんじゃないか……。**実際、当時はそうした切り口でサービス提供しているホームページ制作がココナラに存在しなかったのです。

借金500万円からの『レストラン開業奮闘記』をスタート

そうして架空レストランのホームページ構築をかねて『借金500万円からのレストラン開業奮闘記』はスタートしました。

このとき、ひとつだけ、ルールを決めます。借金で借金を返す生活から抜け出すには、もう後退できません。絶対にやり遂げる覚悟を持ちました。そのためのルールです。

それは、**短くていいから、毎日必ず1記事更新。**

その最初の記事が、こちらです。

2017年1月4日

まだこのレストランはOPENしていません。立地もコンセプトもターゲットも不確定。店名さえ怪しいものです。ただ、確かに決まっているのは2年後には開業していること。未確定ですが必ず成功する。

どうやって実現させるか？

借金500万から成功するレストラン開業までの道のりは平坦ではないでしょう。その過程で失敗も、計算ミスも、想定外の出来事も、色々あると思います。私はそれをこのホームページで記録していこうと思います。頑張り続けて、言葉通り、成功できたなら、それは同じような志を持つ人や、夢を実現させようと頑張る若い人の力になれるかもしれない。

それがこのブログ『借金500万円からの開業奮闘記』。何かのお役に立てればうれしいです。

読み返せば、恥ずかしいほど、メモレベルのつまらない記事。

しかし、それからというもの、毎日1記事のルールだけは守りました。いえ、正確には、本業が忙しすぎてアップできなかった日もあります。そんなときは翌日に繰り越して、2日分まとめて記事を上げました。

休みの日は、架空のレストランのホームページをどうすればデザイン性が高く、期待感を持ってもらえるか。WEB制作の学習を重ねました。遊んでる暇はありません。本業と合わせると毎日15~16時間前後、労働していたと思います。

考えてみれば、この頃から、のちのち体系化して理解することになった【第一の戦略】を知らないうちに実践していたことになります。

第1の戦略：時間戦略

3つの戦略の1つ目は「時間戦略」。

時間だけは、全人類に平等の資産です。約1％未満に存在するというショートスリーパーの方は別にして、ほとんどの方にとって使える時間に大差ありません。それなのに、**年収1千万円以上稼げる人は、20人に1人。約5％**です。世帯年収だと12％ですが、相対的に少なく感じるのは僕だけじゃないでしょう。

さらに**年収1億円以上となると、約2725人に1人**。実に**約0・037％**という希少さです。強引に、さまざまな前提条件を別にすれば、ほとんど大差のない時間が与えられている中で、これほどの差がつくのは何らかの理由があるはず。

結論から言えば、僕はこの**「時間戦略」を手探りの中で確立していった時に、ようやく努力が報われる方法を理解しました。**やみくもに頑張るだけでは意味がないことを知り「なるほど、成功する人というのはこういう努力の仕方をしていたんだ！」とわかりました。

数々の失敗談も含めて、時間戦略とは具体的にどういう戦略で、何をすれば良いのか、解説していきますね。

すべての行動を収益化する方法

前章で、架空のレストランのホームページを構築しながら、ＷＥＢ制作サービスをしていくと書きましたが、事実を正しく申し上げれば、最初からＷＥＢ制作を仕事として請け負ってきたわけではありません。ホームページ制作自体は、簡易的なものであれば知識がさほどなくても作れました。Ｗｉｘやペライチ、Ｊｉｎｄｏｏ、ＷｅｂｎｏｄｅなどのＣＭＳ（わかりやすくいうとホームページ制作ツール）を使えば、プログラミングやコーディング技術がなくてもできます。

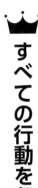

それを知って、すぐに架空レストランのホームページは構築をはじめましたが、さすがに他の人の制作を請け負えるほど、責任は負えません。そのため、同時に、少しでも稼げる方法を模索していました。

『借金500万円からの開業奮闘記』2日目の記事をご紹介しましょう。あえてそのまま掲載します。

2017年1月5日

2017年の目標は1千万稼ぐこと。借金は完済し、自己資金500万積み立てます。どうやって1千万稼ぐ？　私の現在の年収は420万。子ども2人。家族も養っていかなくてはなりません。月々の返済も考えると、貯蓄は厳しい。どれだけ肉体を酷使して働いたところでリスクこそあれ、達成は難しい。そこで考えた成長戦略、3本の矢！

①月間300万円分の懸賞金狙い　②本業で成果を上げ給与に反映させる　③すべての行動を収益化

あきれて、開いた口がふさがりませんね（笑）
しかし当時は真面目に、**とんでもなく、幼稚なことを考えていた**のです。1千万稼ぐといっても、税引き後の手残りが1千万ということは1400万くらい売上げないといけませんし、そのうち借金500万返したとして、500万資金になるわけがありません。生活費のことさえ、頭に入っていないのです。しかも、懸賞金300万円って……。どうかしています。

行き当たりばったりで行動して、時間を浪費していた日々

どう考えていたか、公開するのも恥ずかしいのですが、読んでいただいているあなたには同じことをしてほしくないので、失敗談としてお伝えします。

『懸賞生活』というサイトがありました。

抽選やクイズ、アンケートなどラッキーで当たる懸賞もありますが、川柳や俳句、エッセイ、写真、小説などコンテスト形式でもらえる懸賞もあります。狙っていたのはコンテスト形式。たとえば「伊藤園お～いお茶新俳句大賞」のトップの賞金は50万円。「危険物安全週間推進標語」は20万円。「全国統一防火標語」は10万円。こうした懸賞が当時、ゴロゴロありました。

そう簡単にトップが取れるわけがないのに、なまじエッセイコンテストで最優秀賞をもらっていたので「楽勝だろう」と思ってしまったのです。《易きに流れる》とはこのこと。手当たり次第に、応募しました。その数、20件。

結果は、というと、お察しの通り。ことごとく惨敗です。ひとつだけ、俳句の懸賞でクオカード5000円を頂きましたが、それきりでした。ただでさえ、15〜16時間労働しているのに成果の出にくいことに対して時間をかけるのは効率が悪すぎます。

生活時間や移動時間、睡眠時間を「学習時間」に変換

当時の発信で比較的マシな考えは、**すべての行動を収益化するのを目指したこと**です。

このスイッチが入ったことは非常に大きかった。会社への通勤は片道45〜50分。往復1時間30分弱ありました。車通勤でしたので、その間、本を読んで学習することはできなくても、耳でインプットすることは可能です。それができれば、**移動時間が学習時間になる**。

アマゾンのオーディブルはご存じでしょうか？　月額1500円で、12万本以上の本の朗読が聞き放題です。2017年当時、特に繰り返し聞いた神田昌典氏の書籍を1つご紹介しまし

ょう。

非常識な成功法則（神田昌典著／フォレスト出版）

内容を知っている方は苦笑いされているかもしれませんね（笑）書かれているのは**「凡人でも自動的に成功する方法」**。今でも、とても良い本だと思っていますし、僕の人生にものすごく影響を及ぼしています。ただ、凡人以下の僕が手に取るには早すぎたかもしれません。第2の戦略の章で詳しくお伝えしますが、目標を紙に書くだけで勝手に成功が近づいてくるのは、基礎ができている人だけです。当時は、意味するところを完全にはき違えてしまい「強く願えば叶うんだ」と闇雲に信じてしまいました。しかし、この本と出会った一番の収穫はそうした表面的なノウハウではありません。**「他人に自分の人生の主導権を握られる人生は歩まない」**と決断できたことです。このマインドセットが、僕を強く、突き動かしました。

なお、すべての行動を収益化するために変えたのは、通退勤だけではありません。毎日アップすると決めた『借金500万円からの開業奮闘記』の記事更新はもちろんのこと、歯磨きはスクワットしながら、眠るときや子どもの面倒を見るときにはオーディブルを聞きながら。1

秒でも、転換できることがあれば実践しました。特に耳からの学習は、〇〇しながらでも可能なので、学習効率を劇的に高めてくれます。

そして、同じような考えで、ココナラでホームページ制作サービスをスタートした時は、**サイト制作の実績作り＋WEBマーケティングのトレーニング＋WEB制作ノウハウの蓄積。この3つを得るために、時間を投資することにしました。**

どういうこと？と思われましたよね。ちょっと飛躍しすぎましたので、次でご説明します。

時給97・5円でも〈ひとりブラック労働〉をした理由

ココナラでのサービスを始めたのは2017年7月でした。半年ほど、架空レストランのホームページを構築して、毎日記事を更新することで、ある程度、ホームページ制作に必要なコンテンツやデザイン作りがわかってきたのです。その時点で、いくらなんでも5000円なら、売れるだろうと思いました。マーケティング視点でホームページ制作をする出品者は他にいなかったですし、3万円前後で提供しているサービスと比べても、勝てる自信があったのです。

先にお伝えしたように、ココナラでは５０００円〜50万円まで、ホームページ制作の価格差があります。その最低ライン５０００円で、ホームページ制作を出品することにしました。

これは、**決して、稼ぐためではありません**。時給換算すると、とんでもない時給です。ココナラでは22％の手数料を取られるので、５０００円で販売しても手取りは３９００円。ひとつのサイトを制作するのにヒアリング〜納品まで40〜50時間かかりますから、40時間としても時給97・５円。アルバイトすればその十倍はもらえたでしょう。

すべての行動を収益化する。というスイッチが入っていたので、将来のリターンに期待したのでした。つまり、

サイト制作の実績作り＋ＷＥＢマーケティングのトレーニング＋ＷＥＢ制作ノウハウの蓄積を重ねれば、ホームページ制作サービスだけでいずれ、１００倍の価値を生み出せる！

と考えたのです。

５０００円で請け負ったとしても、実績が他を圧倒し、マーケティングには磨きがかかり、高度なホームページ制作スキルが身につけば、１件あたり50万円の制作も請け負えるはず。この

判断は、間違いではありませんでした。後になって振り返れば、

目先の利益を追わず、時間を投資して、未来に大きなリターンを得る

という選択を無意識にしていたのです。

これが、あなたにお伝えしたい、第一の戦略です。**目先の利益ではなく、時間を投資することで後々、大きなリターンを得れることが探せばあるはず**です。それを見つけたら、出来る限りの時間と労力をそこに注ぎ込んでください。

結果的に、その4年後、目論見通り100倍の価値を生み出せるホームページ作成サービスを構築することができました。

ひとりブラック労働なら、正当化できる

覚悟を決めた2017年、当時の睡眠時間は4〜5時間だったと思います。本業の方でも業績を上げなければ「クビ」だったので平日は12〜15時間。その他に、WEB制作やブログ構築で、2〜3時間を費やしました。すべてひっくるめた労働時間は年間5000時間以上です。結果的に、それを4年続けました。

「働きすぎでは？」と思う方がおられるかもしれません。「そこまでしないと、這い上がれないの？」と。

しかし残念ながら世の中そんなに甘くありません。『小さな会社★儲けのルール』（栢野克己・竹田陽一共著／フォレスト出版）には、成功するには長時間労働が不可欠と書いてありました。

たとえば、

「カレーココ壱番屋」の創業者・宗次さんは朝6時に出社してお客のアンケートハガキを読むのが日課。

26歳で株式上場、インターネットの企画営業会社「サイバーエージェント」の藤田社長も創業期は週間110時間労働で今も休みなし。

香酢や青汁でグループ年商300億円を上げる栄養補助食品通販「やずや」も課長以上は毎週4日は7時過ぎから会議。（中略）

ラーメン業界のカリスマ「博多一風堂」の河原社長も、創業期は3年間休みなしで、その後も年間5000時間を25年。

『小さな会社★儲けのルール』（竹田陽一・栢野克己著）より

「ラクに」「たった〇〇日で」「誰でも」「〇〇するだけで」など耳に心地よい本は、売れるのかもしれません。でも、それと真実とは違います。特に、僕のような**凡人以下の能力の人間は、時間をひたすら投資するしか選択肢はない**。同じように頑張って、同じように成果が出ないなら、それ以上に時間を投資するしかありません。

実際に僕は借金を背負ってから年収1千万超えまで、結果的に10年弱かかりました。本当に、、のろまです。当時の社長から**「お前は幼稚園児か！」**とキレられたことがありましたが、その通りでした。もっと若くしてうまくいく人はたくさんいますし、もっと短時間で、それ以上の結果を出せる人がほとんどでしょう。

ただし、僕は上場して有名人になりたいわけでも、何百億も利益を生んで資産家になりたいわけでもありません。何百人の部下もいりません。できれば1人でのんびり仕事をしたいタイプです。**こっそりと目立たないように成功したい**。人生は、家族との時間や、遊びを大事にすることで豊かになると思っています。仕事は好きですが、さすがに25年間5000時間以上働くのはゴメンこうむりたい。

しかし、繰り返しになりますが、**短期的には超ブラック労働が必要**だと考えています。社会風潮として長時間労働は悪ですが、自分で自分の時間を投資する分には、誰も文句は言えません。ひとりブラック労働なら、正当化できます。

【第一の戦略】時間戦略

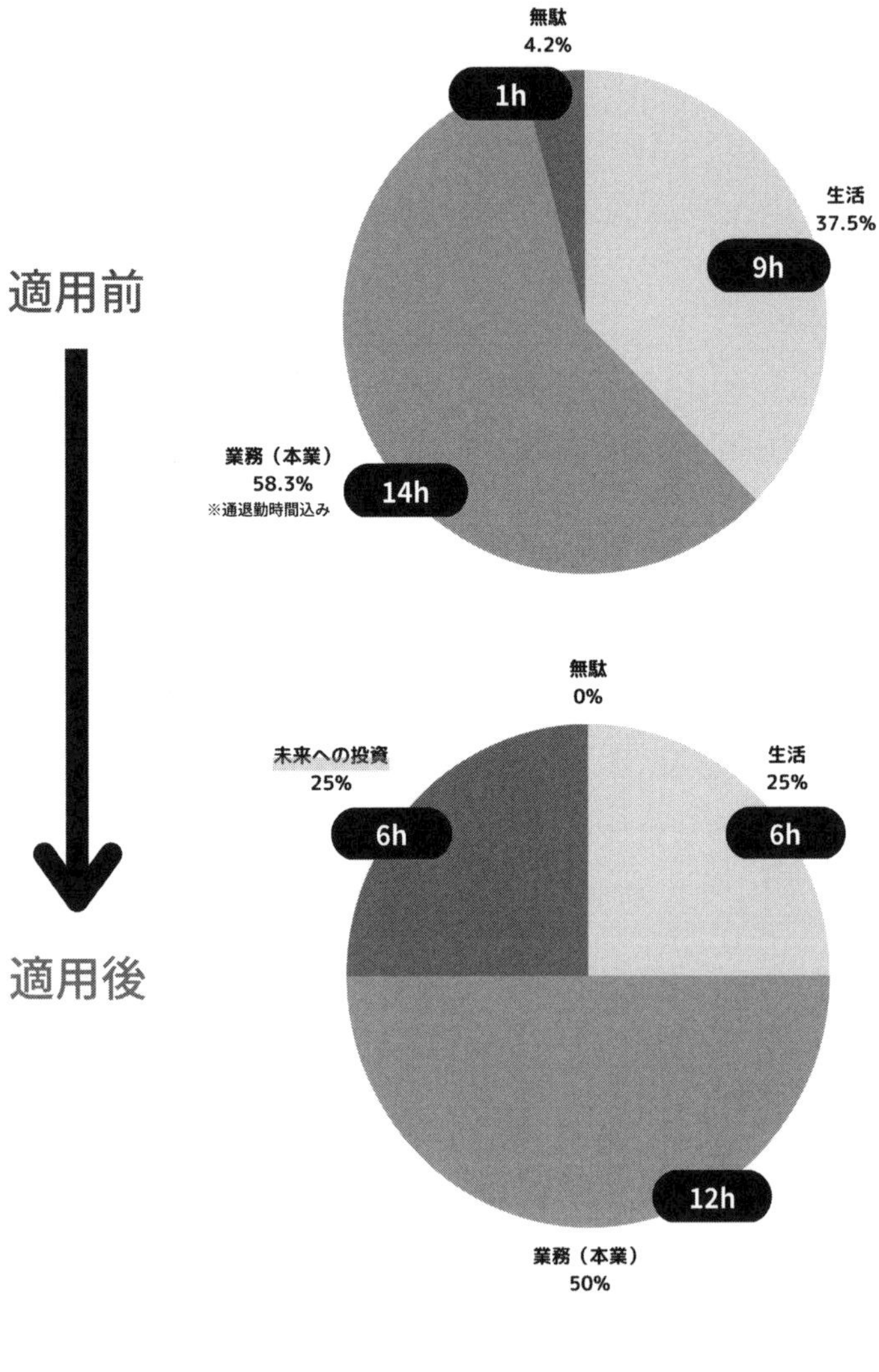
適用前
無駄
4.2%
1h
生活
37.5%
9h
業務（本業）
58.3%
※通退勤時間込み
14h
適用後
無駄
0%
未来への投資
25%
6h
生活
25%
6h
12h
業務（本業）
50%

第1の戦略のまとめ

第1の戦略＝時間を投資する時間戦略を図にしてみました。

これが、当時の僕が行っていた平日の時間グラフです。

僕の場合は、業務（本業）もハードだったので、かなり激しいタイムテーブルかもしれません。お伝えしたいのは、**移動時間や生活時間を学習にあてたり、目標に対してマイナスの行動＝無駄をやめたりすることで、どうにかして時間を捻出し、未来への投資の時間を無理やりにでも作ってほしい**ということです。

もちろん、これは**一時的な期間**で構いません。ずっと続ければ、身体もメンタルも持たないですから。

頑張っても頑張っても、報われない。年収は1％も上がらない。いつになれば、お金の不安から解消されるのか。そう感じておられる方は、左記のことをぜひ意識してみてください。

①今、ではなく、**「将来」大きな見返りが期待できることに、使える時間と労力を注ぎ込む。**

②たとえ睡眠時間を削っても、**短期勝負と割り切って、3年くらいはひとりブラック労働**する。
③朝から晩まで、**すべての行動が目標につながる収益にできないか**、考える。

借金500万円「クビ候補」の崖っぷちサラリーマンに差し出せるものは、時間しかなかったのです。そこまで追い詰められないと尻に火がつかない、スロースターターでした。読んでくださっているあなたには、少しでも早く浮上してほしいので、次章では恥ずかしい失敗談を披露しながら『成功曲線』についてお伝えします。

これを知っておかないと、ある日突然、心がボキッと折れます。いや、本当に。

「成功曲線」を理解しないと、時間戦略は破たんする

想像してみてください。2017年の正月に一念発起してから1年間で、どれだけの成果が上がったと思われますか？　そのとき、**将来につながる、重要な意思決定をしたことは確か**です。まとめると、

①1年で借金5000万円を完済し、2年後にレストランを開業する。
②そのために、ネットで稼ぎながら、同時にレストラン開業のための準備をしていく。
③将来見返りが期待できることに、投入できる時間と労力をとにかく注ぎ込む。

でした。

さて、２０１８年１月時点で、借金５００万円はどうなったか……？

結果は、**相変わらず、借金５００万円のまま**でした。さらに告白すれば、２０１９年１月時点でも、借金５００万。むしろ、冬場で平例月以上に高くなった**電気代を滞納してしまった**のです。

マジですか？　と聞かれますが、マジです。まるまる2年間、**借金で借金を返す生活は何一つ改善していませんでした**。目に見える成果はほぼゼロ。わずかに小遣い程度に稼げても、生活や必要な出費に消えていきました。

宣言通り、1年間で完済する方法があったかもしれません。今でしたら、軽々達成できるでしょう。しかし、当時の僕にはあまりに非現実的な目標でしたし、考えが浅すぎました。ネットで稼ぐといっても、2年間は確定申告が必要な20万円以上も稼げなかったのですから。当然ながら、その時点で、レストラン開業の目標も潰えたことになります。

さすがに落ち込みましたが、悲観はしていませんでした。むしろ、それ以上に借金を抱えずに済んだことに感謝したくらいです。綱渡りのギリギリの暮らしでも、何とか破たんせずに続けてこれたのは、家族の支えがあったからでしょう。

それと、僕には確信がありました。来年、つまり２０１９年からは飛躍できると。なぜかというと……**「成功曲線」を信じていた**から。

成功している人だけが知っている法則の正体

ある出会いがありました。

《時間戦略》の章でお伝えしたように、1時間30分弱の通退勤の移動時間は貴重な学習時間となっていました。オーディブル以外でも、何かインプットできるアプリはないかなと探していると、ポッドキャストというラジオ配信アプリを見つけたのです。そこで「マーケティング」で検索した時、出てきたのが、石原明さんの番組『経営のヒント』でした。

その時すでに配信回数は４００回を超えていて、総ダウンロード数は確か5千万回というポッドキャストの怪物番組です。通勤時間は貪るように音声を聞き、刺激を受けて、そして、ある時《衝撃の事実》を知ります。それは、**成功している人だけが知っているという法則**でした。

その正体が、**成功曲線**。

成功する人は皆、一直線に成功に突き進んでいるわけではなく、地道な努力を要する下積み期間があって、ある地点から急速に成功へと向かっていくというんです。図にすると、下記のような感じになります。

石原明さんは、有名な経営コンサルタントでたくさんの著書がありますが、その中の一冊『「成功曲線」を描こう』（大和書房）を参考に図を作成しました。

当時の僕を含め、多くの人は目標まで一直線に成長していくとイメージします。ところが現実は、目標をもって始めても最初はなかなか成果が上がらないというのです。そのイメージと現実のギャップに、成功できない人は「もうダ

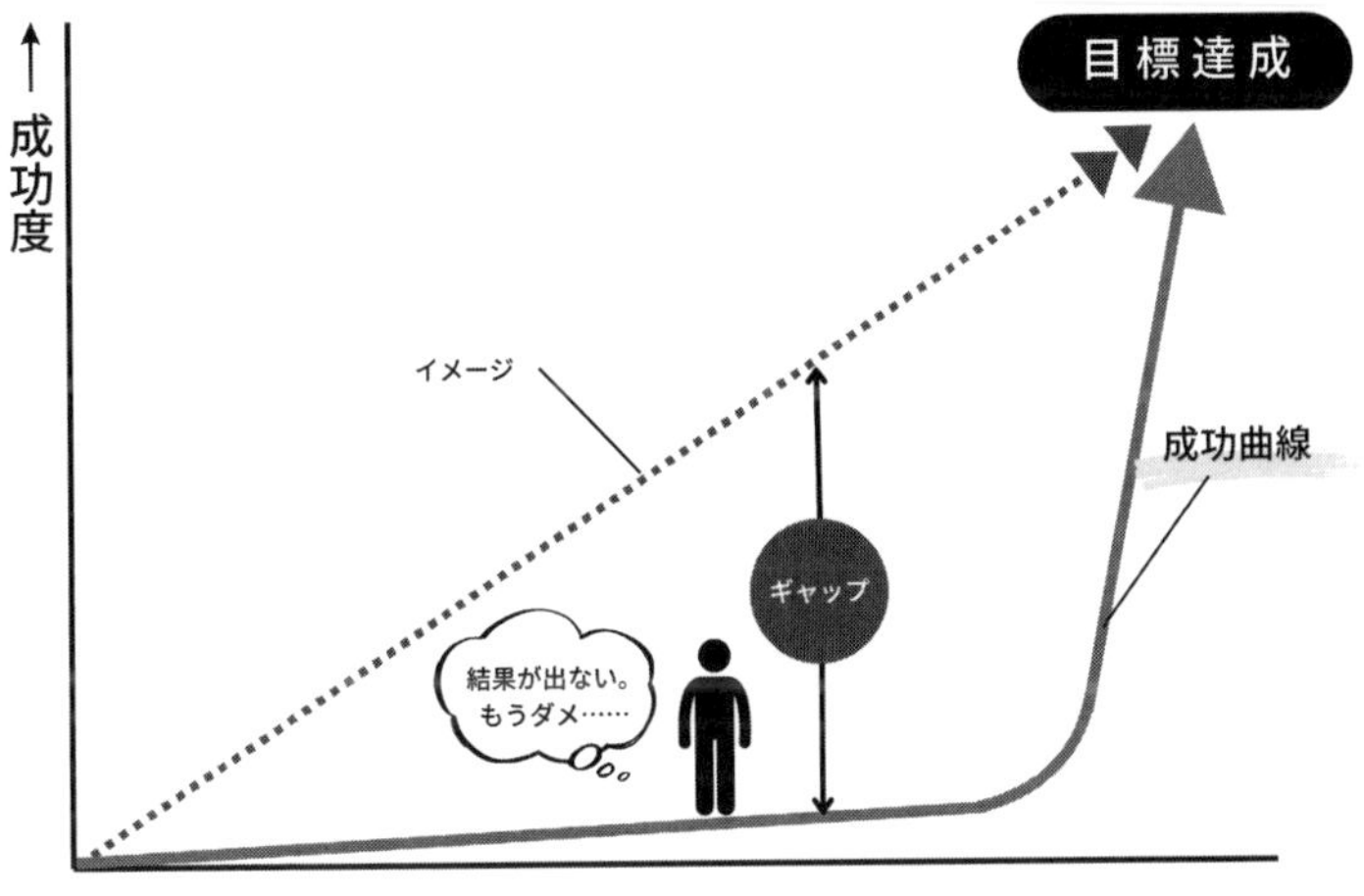

【参考】石原明著『成功曲線を描こう』（大和書房）

メ……」と諦めてしまう。成功する人は、諦めません。地道な努力を継続します。するとある**地点から、急速に目標に向かって上向いていく**んだそうです。


物事は、最初は成果が上がらなくて当たり前です。しかし、それに向かって努力を重ねていくうちに、ある地点から急激に達成に向かいます。

成功している人は、この曲線の存在に気づいています。

ところが、多くの人たちのイメージの中には、この〝成功曲線〟がありません。

『「成功曲線」を描こう。夢をかなえる仕事のヒント』（石原明著）より

それが「成功曲線」です。もし、読まれてなければ、ぜひ読んでみてください。

あなたが同じ過ちを繰り返さないための、失敗談

断っておかなければいけないのは、２０１７年当初から「成功曲線」の存在を知っていたわけではありません。もし、知ってからスタートしていたら、もう少し年収１千万までの距離は短縮できただろうと思います。

１年弱、迷走していた時期がありました。

「１年で借金完済、２年でレストラン開業」と無謀な目標を立て半年たったとき、収益がまったく向上しないため、焦りが出てきたのです。**すべての行動を収益化する、ということを間違った方向に考えてしまった好例**だと思いますので、恥を忍んでご紹介します。

アフィリエイトが手段から目的に……

アフィリエイトは、月５０００円以上の収益を上げられる人はたった５％。ブログ構築の副産物として考えるべきもので、それを目的として取り組むのはそもそも方向性が間違っている

と考えていたはずでした。でも、焦りが出てくると「月30万円の不労所得！」「アフィリエイトで月収100万！」などの広告が気になってきます。そのためのノウハウをまとめた講座の受講も本気で検討しました。いや、事実を申し上げれば、高額講座ではないものの、その手の教材に手を出してしまいました。

左記は、当時、アフィリエイトをやった方が良いと自らに言い聞かせるように書いた記事です。

2017年4月14日

実はこれまで、資金の稼ぎ方として、インターネットビジネスを明示するのは躊躇していました。よからぬイメージを自分で作っていたからです。アフィリエイトも、セコイと思っていました。よく考えれば、何も、セコイことはありません。目的は、レストランを開業し、人を感動させるために得ていくお金だからです。私腹を肥やすためではない。サイト上で商品を紹介し、それがその人の役に立つもの、買って良かったと本当に思ってもらえるものならば、むしろ、いい仕事をしたと言える。私の場合、主に、本や、ワイン、ピッツァなどの通販になると思います。それらの商品をサイト内で紹介して、それが購入に至れば紹介料が0・5～10％もらえます。

◇◇◇

その後、アフィリエイト報酬があったところで、数十円～数百円にしかならない、本やワインの紹介記事を書きました。結果はお察しの通り、惨敗。4か月ほどやって、ようやく5000円……。せめて、一回の報酬で2万円の商材を紹介する記事を徹底して調べて、狙っていくべきでした。4か月もかければ、数十万円くらいは稼げたかもしれません。膨大な無料情報をあさり、あれこれ検索して、無料メルマガや安い情報商材に手を出して、相当な時間を費やしてしまったと思います。

ただ、良かったことがひとつだけあります。

WEB制作において不可欠なSEOの知識や具体的なWEBマーケティングの事例について、ノウハウを蓄えられました。非効率な学習方法であることは否めませんが、実際に経験しているのとそうでないのとでは雲泥の差があります。WEB制作の際は、この失敗がかなり役に立ちました。

出張料理ビジネスをスタート？

レストラン開業に向けて「腕慣らしをしながら稼げるじゃないか！」と思いついたのが、出張料理でした。考え方としては、メニュー開発やオペレーションの確認、同時にお客様の声の収集など、レストラン開業のための収穫は大きいので、間違っていなかったかもしれません。開業への準備＋資金稼ぎが同時にできます。

下記は出張料理を思いついた当初のブログです。

2017年3月1日

私がいま考えているのは、地域を絞って出張料理のビジネスをしようかということ。特定のエリアだけにネット広告を出し、注文があれば詳細を打ち合わせて出かけていく。そんなことも可能なのです。出張料理の場合は稼ぐよりも経験することが目的です。知人との間でもやらせてもらうつもりですが、ネット広告を出し、注文してくれる人ってどんな人なのだろう？という興味があります。顧客をよく知らないと目的は果たせません。「彼を知り己を知れば百戦してあやうからず」です。また、地域限定なので、本業をしながらでも、暇を見つけて請け負うことができます。サイトに詳細に条件を記載しておけば、問題ないでしょう。エリアはどこまで可能か。最大何人まで対応できるか。営業カレンダーもあればわかりやすいですね。出張料理だけでなく、イベント会場へのデリバリーもできます。

その後、Wixというホームページ作成ツール）で簡単なサイトを作って、Facebook広告を出し、実際に出張料理をやってみました。テストマーケティングができたことは良い経験となりましたが、**時間を使うほどに「儲からない」**ということを理解します。

収穫はゼロではなかったのですが、結果的には長い回り道をしてしまいました。

日曜日と祝日しか営業できず、その日は丸一日つぶれてしまうので「ネットで稼ぐ」ことが全くできなかったのです。たとえ月間休みなく、出張料理事業を行っていくとしても、1回の利益が1万円として30日で30万円。本業の収入を上回ることもできません。

ネットで稼ぐなら、100倍の価値を生み出せるWEB制作に《集中》すべきでした。

電子書籍を出版？

大阪芸術大学文芸学科という大学に通っており、もともと文章を書くことが好きでした。学生時代から書いてきた創作小説や、レストランに勤めてからは顧客サービスの一環で、ワインにまつわる物語など、個人としてのコンテンツを持っていたのです。これを収益化できないか？と考えたことが、すべてのはじまりでした。

今は、Ａｍａｚｏｎで電子書籍のセルフ出版（Ｋｉｎｄｌｅダイレクト・パブリッシング）が簡単にできます。レストランを開業したら、他店との差別化にもなり、ブランディングに一役かってくれるだろうと思いました。

そこで、過去の創作作品などをまとめ始めたのです。全部で十作品できました。その結果の収益は、月に多いときで２００円ほど……。もちろん、収益を期待してではなく、レストラン開業の際のブランディングのためではありましたが、その十作品をまとめて、電子書籍化するまでにかかった時間は、１００時間以上。

これも、出張料理同様、収穫はゼロではないものの結果的に回り道でした。その１００時間を、プログラミングを学ぶ時間にあてればもっと成長を加速できたはず。まったく、何やって

んだか。と思いますよね（汗）

生ハムの輸入販売を検討？

知人の紹介で、スペイン直輸入の生ハムの販売が可能でしたので、ネットで売ろうかと計画しました。原木といって、スライスされた形状ではなく、足を丸一本、仕入れてそれを販売するのです。生ハムが好きなこともあって、うまくすれば売れるんじゃないか、と考えたんですね。

でも、一般家庭で、生ハムを足一本買う人は多くありません。すでに、アマゾンなどでは、提供予定価格と同等のものが売られていましたし、差別化は難しい状況でした。どのような販売戦略を立てれば、収益になるのか？　知人に聞くと、飲食店への販売を開拓して、他の輸入商品も必死に売り、なおかつスペインバルも営業して、なんとか生活費を稼いでいるという話です。

ただ、実際に仕入れはせず、売れた分だけ発送すればリスクはありません。ドロップシッピングという手法です。

それなら、とは考えましたが、利益率は10％以下なので、1万円売っても千円。月30万円の利益を得ようと思えば、300万円販売しなくてはいけません。そこから税金だの引かれると20万前後になります。生ハムの輸入販売は、早々にしない決断をすることができました。

時間管理の「ワナ」にはまらないようにするポイント

目標に向かって動き出すと、一直線に突き進むのではなく、長い低空期間があって、ある地点から上向いていく「成功曲線」は真実です。

ですが、できることなら、その低空期間は短い方が良い。僕は、迷走し、行き当たりばったりの思いつきで行動した結果、かなり回り道をしてしまいました。2年分くらい遠回りしたと思っています。

これには、時間管理の〝ワナ〟が潜んでいたと分析しています。再度、第一の戦略《時間戦略》でお伝えしたポイントを転記してみましょう。

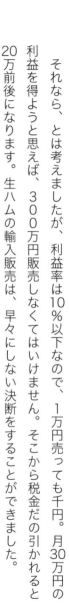

①今、ではなく、**「将来」大きな見返りが期待できることに、使える時間と労力を注ぎ込む。**
②たとえ睡眠時間を削っても、**短期勝負と割り切って、3年くらいはひとりブラック労働**する。
③朝から晩まで、**すべての行動が目標につながる収益にできないか、**考える。

この中の「③朝から晩まで、すべての行動が目標につながる収益にできないか、考える」という項目が、曲者でした。

結果を出すために**必要な考え方ではあるのですが、そのすべてが「①今、ではなく、「将来」大きな見返りが期待できることに、使える時間と労力を注ぎ込む」ことにつながっていないといけなかった**のです。

ぜひ覚えておいてください。目標達成しようと思ったら、なかなか成果が出なくても、わき目をふってはいけません。最短で成果を出すなら、一番大きなリターンが得られることを事前に検討して、そこに**「選択」**と**「集中」**すべきです。

そのためにも必要な習慣となるのが、第二の戦略。データ化です。

第2の戦略：データ戦略

2つ目の戦略がデータ戦略。

もし、この章から読み始めた方がいたらご注意いただきたいことがあります。データ戦略は、第1の戦略である「時間戦略」が出来ていないと、有効に活かせません。時間戦略はいってしまえば、**使える時間を最大化し、成果の上がるポイントに突っ込めるだけ時間を突っ込む**、というちょっと力技的なところがあるので「成功曲線」を理解しないと心が折れます。

第2の戦略「データ戦略」は、「時間戦略」で最大化した時間と、将来大きな見返りが期待できることに対しての〝**質**〟を高めていく仕組み作りになります。

なので、時間戦略の理解が十分でないときは、お手数ですが再度、「第1の戦略：時間戦略」

からお読みください。

勝つために最低限、必要な心構えとは??

あなたは今、日記をつけていますか？　あるいは、毎日、手帳に目標を書いていたりしますか？　それとも、壁に「1億稼ぐ！」と書いて満足していませんか？

でしたら、今すぐにやめてください。

決して無駄とはいいません。ですが、目標への到達は間違いなく、遅れます。潜在意識を活用すれば、思いは叶う。成功法則ではよくいわれますよね。あれは、**前提が間違っている**と思います。僕自身、毎晩、念じていましたし、紙に書いてデスクの前に貼りました。でも3年たっても、何も変わらなかった……。「それで成功するって言ったじゃん神田さん（※神田昌典著『非常識な成功法則』参照）！」とそのときは思いました（笑）

いったい、何が間違っていたのか？　真剣さが欠けていたのか、それとも他力本願すぎたのか、自分だけやり方が間違っていたのか。当時の僕は、訳が分からず、頭を抱えます。気づけば僕は、ベタベタと自分の顔に理想だけ張り付けて「俺は成功する」と息巻いていました。

今から考えれば、勝つために必要な心構えがまったくできていませんでした。孫子の『兵法』に有名な言葉があります。

彼を知りて己を知れば百戦してあやうからず。

孫子『兵法』謀攻篇より

自分のことが何もわかってなかったんです。どれだけ実力があり、どんなことに長けていて、どんな欠点があるのか。見ようともしなかった。

借金500万円「クビ候補」の崖っぷち状態になって、自分の顔に張り付いた理想をひとつひとつ引き剥がしていくと、何も成し遂げていない、情けない自分がいることに気づいたんです。

「お前は成功できない」と言われた過去

どれだけ僕が「イケてなかったか、ダメダメだったのか」正直に白状しましょう。その方が、あなたもより本気で話を聞いてくれますよね?

当時、勤めていた会社の社長は、とても厳しい人でした。ほとんど褒められた記憶がありません。というより、自分で思うより優秀ではなかったのです。はっきりと、言われました。

「お前は普通以下だ」「努力は認めるがポイントを外しているので成功できない」と。

一方で、僕は過去にエッセイコンテストで最優秀賞をもらい、最短で難関と言われた「シニアソムリエ」に合格して、レストラン時代のお客様からはチヤホヤされていた実績があったので、調子に乗っていました。鼻高々になって「やろうと思えば、何でもうまくいく」と本気で思っていました。しかし、社長からは、厳しいことを言われ続けたんです。

その当時、言われたことをメモしていたのでそのまま転載しましょう。

今しか見ていない。未来を見ていない。だから成長しない。
出来ないヤツは、計画性がなく、行き当たりばったりで動く。

漠然、曖昧としたコミュニケーションをするな。やるなら最後までやれ。

口の中でモゴモゴ話さず、ハキハキ話せ。

自分がどのポジションにつけば、最も利益が上がるか考える利益脳がない。

知識やスキル、テクニックに頼りすぎて、出来もしないのに天狗になってやがる。

相手の立場に立ち、相手が理解できるように具体的に話せ。お前は何を言ってるかわからん。

本に答えを求め、自分の頭で何も考えていない。

得るものばかり追い求め、失うものを計算していない。

人間が軽い。判断が浅すぎる。小学生レベル。

自立した大人ならば、一度教えてもらったことを二度教わるな。

金銭感覚がない。


実際は、大げさでなく、この100倍どころではないお叱りを受けました（笑）今ではこのように言ってくれたことに対し、感謝しかありません。もしここまで言われることがなければ、一生、立ち上がれなかったかもしれない。あのまま調子に乗って生きていたら、ずっと底辺で「こんなはずじゃなかった……」とぼやいていたでしょう。

とはいえ、当時は感謝よりも、悪い感情の方が走っていました。いくらお世話になっている会社の社長の指導だとしても、そんなこと他人から言われたくありません。

腹わたが煮えくり返りもしましたし、ものすごく落ち込んだときもあります。悔しかったり、絶望したり、怒ったり。ジェットコースターのようにメンタルは乱高下しました。だから言われるたびに、次は言われないように改善してきたつもりでしたが、それでもまだどこかで「驕り」があったのでしょう。ある時まで**「自分の特性は、そうした欠点を補って余りある」**と考えていたのです。本当に、どうかしていました。

当然ながら、その後も社長からは厳しく言われ続けることになります。

致命的なミスをして、激怒され、はじめて愚かさに気づく

そんな中、普通に考えたらありえない大失敗をしてしまいました。

僕は当時、水産加工のセールスをしていました。大型契約を決めて「よし、今月は目標達成したから、社長に詰められないで済むな」とホッとした時のことです。後になって、**販売商品の原価計算を間違えて、ほぼ利益なく販売をしてまった**ことが発覚しました。真っ青になりま

したが時すでに遅し。商品は先方に到着し、数百万の売上はたったものの、仕入れも数百万。赤字ではありませんが、大企業のように資本力のない中小企業で、しかも仕入れ先行型の会社ではキャッシュフローが行き詰まるほど大打撃を与えました。

資本主義社会は、経済なくしてなりたちません。売上だけ上がっても、キャッシュが残らず利息を返済できなければ倒産です。いくら想いが強くても、結果を出せなければ、生きていけません。感情も情緒も、休日の楽しみも、家族を養っていくことも、利益がないと、立ち行かなくなります。

それまでの僕は「利益を上げること」を選択せず、「自分がやりたいこと」に精を出していました。その時はそれが、正しい時間の使い方だと思い込んでいたのです。

最悪なことに、大失敗をして、社長に激怒されるまで、はっきりと気づきませんでした。正直**「売上が上がれば良くね？」**と思っていました。まともな金銭感覚と、一般常識を分かっているビジネスマンなら、もっと早くに気づけたでしょう。

失敗するヤツは、みんな**「勝つ」選択ではなく、「負ける」選択をする。**

社長から、さんざん指摘を受けてきた通りでした。

どんなに頑張って勉強しても、努力しても、勝つために必要なことができていなければ、失敗します。手帳にいくら目標や夢を描いたって、成功するわけがありません。以前の僕は「負ける」選択ばかりをしていました。自分の欠点や弱みを見てみないふりをして、できもしないのに「何でもできる」と調子に乗っていました。

逆説的ではありますが、社長は口酸っぱく、厳しい態度で教えてくれていたのです。「怒り」というのはものすごくエネルギーが必要な感情です。時には、理不尽な怒りを買うこともありましたが、そこまでエネルギーを費やしてくれた人は、社長以外にいません。

もし、あなたの周りに、あなたから嫌われるのも厭わず、叱ってくれる人がいたら、どれだけムカついても大事にしてください。僕は当時の社長のおかげで**「己を知る」**ことができました。勝つために必要な心構えとは、まさに「己を知ること」。自分の基礎データを知らずして、成功法則は通用しません。

「思考は現実化する」は魔法のランプではない

有名な話ですが、ナポレオン・ヒルは、鉄鋼王カーネギーの依頼で、将来成功するであろうとカーネギーに見込まれた500人にインタビューし、成功していく過程を研究しました。そして、成功するためには成功する方法がある、ということを突き止めた。それをプログラム化したのが、成功哲学でした。

驚くのはナポレオン・ヒルが20歳を少し過ぎた頃。生活費さえままならない彼に、大金持ちのカーネギーが成功哲学のプログラムを作らないか？　と誘ったこと。条件は20年間無報酬です。カーネギーはイエスかノーで答えろと迫り、ナポレオン・ヒルは29秒間考え、「イエス」といった。カーネギーはそれまでに260人に同じ決断を迫りましたが、1分以内に判断したのはナポレオン・ヒルただ一人だったそうです。

下手に「成功哲学」を実践するとメンタルが破たんする

この成功哲学について、僕は《もろはの刃》だと思っています。浅い理解では、**精神が破たんしてしまう**気がするのです。

強く願えば夢は叶う、というと聞こえは良いのですが、それで僕自身がうまくいかなかったのは先にお伝えした通りです。自分の**基礎データがなければ、スタート地点がわからないので、ゴールが描けません。すると、正しい努力ができない。**強く願うだけでは、ただの他力本願と一緒でしょう。夢を見る力と同時に、正しい努力のやり方をわかっていないと、うまくいくはずがない。そうですよね？

プロ野球選手になりたい、と強く願ったところで、練習もしなければ叶いっこないのと同じです。そう聞くと当たり前の話ですが「成功したい」という人が、自らのモチベーションを高めるために自己啓発セミナーに参加して、叫んだり、ノートにひたすら書いたりして、成功できるわけがありません。僕の経験上もやたらテンションだけが高くて、数か月後は連絡も取れなくなっている人がたくさんいます。

プロ野球選手になりたければ、イチロー選手のように毎晩、墓場で素振りを千回するという行動につながらなければいけない。自己啓発セミナーでメンタルの弱い者同士で慰めあっても、現実は何も変わりません。

なにを隠そう、その入り口に僕も足を踏み入れたことがあります。詳細は控えますが、そこでは「ありのままの自分」が歓迎されます。「ありのままでいい」「生まれたことが才能」「あなたならできる」そんな甘い言葉が行き交っていました。確かにその場では、気分が良くなり、モチベーションが上がります。

その通りだ！　自分にはこんな才能があるんだ！　悪く言うやつが馬鹿なんだ！　がんばるぞ！　と意気揚々となるのですが、3日もすれば「イケてない自分」に逆戻り。むしろ、反動でもっと落ち込んでしまうんです。そんな経験をしました。

ありのままの自分を受け入れるのは、とても気持ちの良いことです。時には必要でしょう。でも、受け入れるなら虚像だけではなく、「イケてない自分」を含めて受け入れるべきでしょう。必要なのは戦略です。この場合、より具体的に言うと**「己の基礎データを踏まえた正しい努力」**。「絶対に成功するぞ！」そう漠然と念じて凡人以下の僕が勝てるほど、世の中、甘くなかったのです。

目に見えない力学が働くのは事実

ただし、強く願うことによって、目に見えない力学が働くのは事実です。僕自身もたくさん、経験しました。

たとえば『借金500万円からの開業奮闘記』を毎日欠かさず書くと決め、睡眠時間や家族との時間、遊ぶ時間、あらゆる時間を犠牲にして継続してきた結果、支援してくれる人、情報提供してくれる人、気付きを与えてくれる人がポツポツと表れてきたのです。しかも、まさに求めているときに最適な人が、向こうからやってきました。

人との縁だけではありません。テレビ、ラジオ、お得意様とたまたま入った居酒屋。様々な場面で「目標達成のためのヒント」に出会います。

量子論では、人の意識や思考も物質と考えます。その力学が必要な縁を引っ張ってくるのだと教えてくれた人もいました。思考は現実化する。とはこういうことの連続なのかもしれません。そして与えてくれた縁にいちはやく気づき、大事にしていくことが着実に成功する道なのではないかと、今は確信を持っています。

「思考は現実化する」は決して、ウソではありません。しかし、魔法のランプでもない。**正しい努力をコツコツ積み重ねることで、現実化するもの**だと考えています。

「正しい努力」に全力投球するためのデータ

ここまでで、自分の基礎データを知り、正しい努力が必要だ、ということを僕自身の恥ずかしい経験を通してお伝えしてきました。

イチロー選手は、数々の名言を残していますが、おそらく同じような意味のことを、こんな風に言っています。

夢や目標を達成するには1つしか方法がない。**小さなこと**を積み重ねること。

前置きが長くなりましたが、第二の戦略の要点は、この**「小さなこと」**を明確にすることです。

第一の戦略では、とにかく時間を捻出して、時には〝力技〟で使える時間を増やしました。それでも、使える時間は限られています。僕は、結果の出ない焦りや、他にもっと楽な方法があるんじゃないかと、「やるべきではないこと」に手を出してしまいました。そのため、本来2～3年で達成できるところを4年もかかってしまったのだと思います。

では、「やるべきこと」は何なのか？ それを明確にするには、自分の基礎データを踏まえ、行動を可視化することを、全力でおすすめします。

まずは時間を4つに分類して、行動を可視化する

僕はすべての行動を4つに分類して可視化しています。具体的には、**《生活》《業務》《未来への投資》《無駄》**。それぞれを、下記のように定義しています。

生活：睡眠、食事、トイレ、掃除、休憩、家族との時間、移動時間など
業務：仕事
未来への投資：目標達成のための活動
無駄：ネットサーフィン、SNSをダラダラみる、映画やドラマなど、目標達成に貢献しないこと

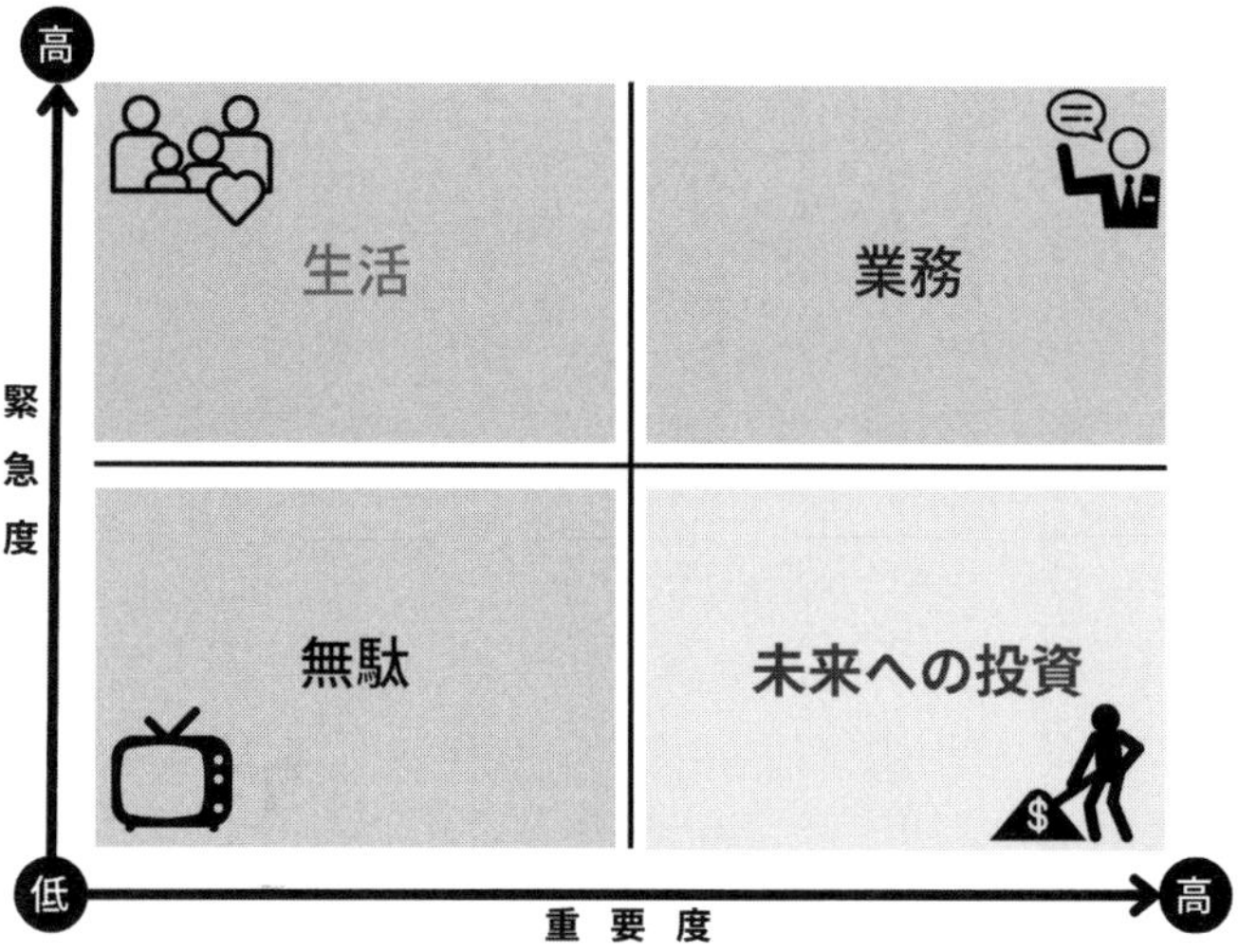

これを、**「緊急度」**と**「重要度」**を基準に4象限で図にすると、こんな感じになります。

僕は今でも毎日、時間を4つに分類して、15分単位で4つの中の何をしたかを記録していきます。（※会社員だったころは15分単位ではなく、30分単位での記録でした。）これをすることで、何がわかるかというと、**無意識の領域**です。

あなたも気づいたら、SNSを見始めて15分も経っていた、Youtubeに引き込まれてついついつい30分見てしまった、なんてことはありませんか？　この時間管理をすると、そんな「ついつい、そうしてしまった」無意識の行動がすぐにわかります。

それだけではありません。データ化することが前提になると**仕事をしていても、より重要な**

仕事をすべきじゃないか？　という視点にどんどん変わってきます。

たとえば…

今、メール返信に30分かけてたけど、その分、営業の電話1本かけられたよな。この作業は、この道具を使ったら、5分短縮できるんじゃないかな。ものを取りに行くなら、ついでにあれもとってこよう。この仕事は自分じゃなくてもできるから、部下にやってもらおう。

という風に意識が変わってくるんです。

心理学用語で**「順化《じゅんか》」**というそうですが、人はひとつの経験を何度も繰り返していくと、得られる気づきがなくなっていくそうです。無意識で行っていることも同様です。「順化」している行動に気づくためには、データ化することで視覚化できるようになるんですね。

4つの時間に分類して行動を可視化するエクセル管理方法

4つに分類した時間をどうやって管理しているかというと、僕はエクセルで色分けして管理しています。恥ずかしすぎるので、詳細は伏せていますが、次ページの画像のような感じです。

僕は、**生活に必要な時間を「薄い青」、無駄な時間を「赤」、業務を「薄い緑」、未来への投資の時間を「黄色」**と色分けしています。

画像は、ぼかしを入れているので見づらいと思いますが、色の濃い部分が無駄な時間です。これは実際に、自分の行動をデータ化し始めた当初のもので、無意識のうちにいかに「無駄な時間」を過ごしていたかに気づけました。自分ではかなりストイックな方だと思っていたのです。

試してみていただければわかりますが、多くの方は僕とそう変わらないんじゃないかな……、と思っています（すみません）。

ここで検討していただきたいのは、次の3点です。

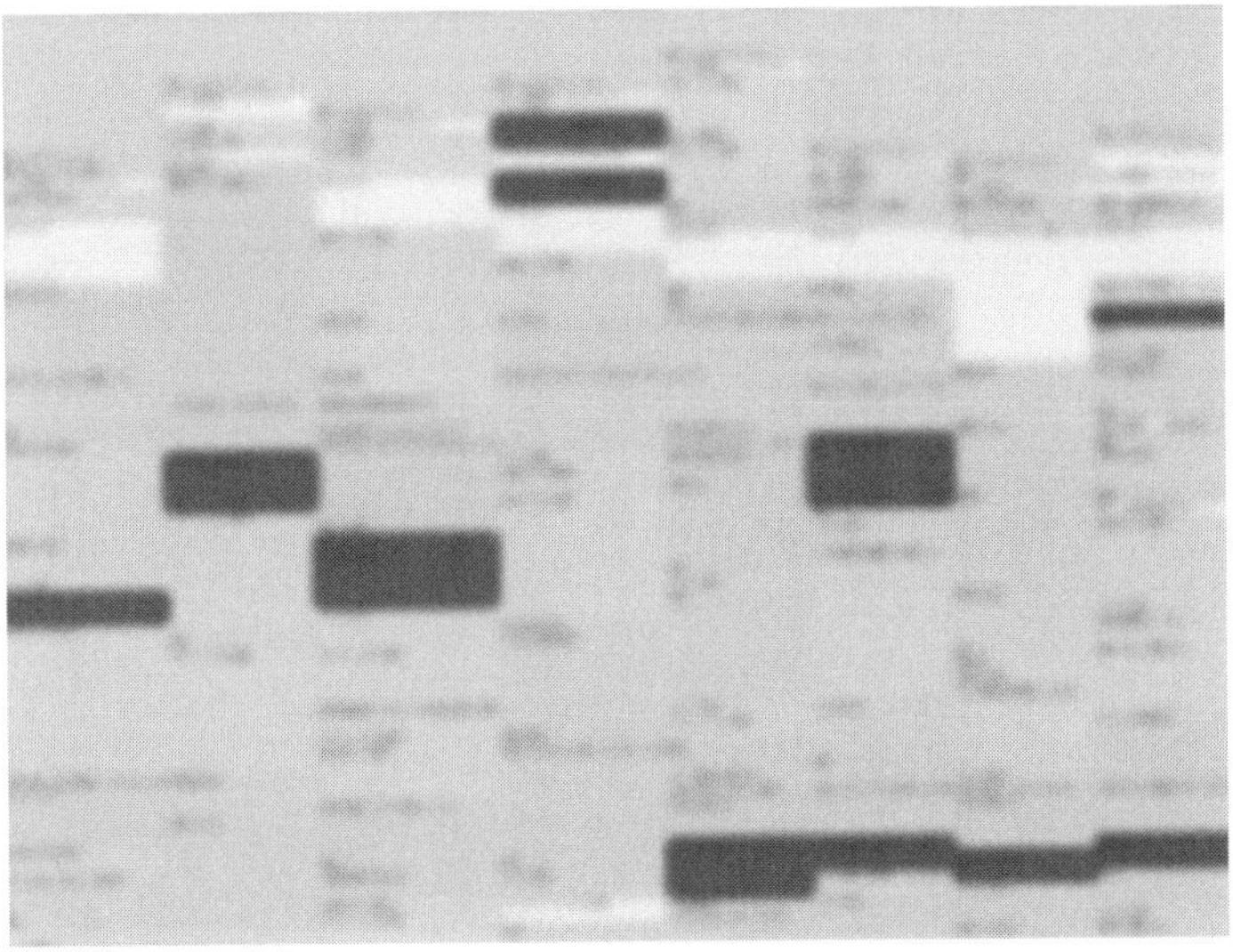

1.「無駄な時間」を工夫・改善して「未来への投資の時間」に変換できないか
2.「生活に必要な時間」を工夫・改善して「未来への投資の時間」に変換、または仕事のパフォーマンスを向上できないか
3.「業務時間」を工夫・改善して業務効率を高め「未来への投資の時間」に振り分けできないか

毎日、行動を可視化して、この点を見直していくのです。恥を忍んで公開すると、僕はこれまでにこんな工夫をしてきました。

1．「無駄な時間」を工夫・改善して「未来への投資の時間」に変換した具体例

・すき間時間にYoutubeを見ていた時間を、読書時間にする。

・運動がてらステッパーを踏みながら、読書する。

・何の本を読もうか迷うので、課題図書を3つ決めておき、休憩する場所の手の届くところに置いておく。

・夜中にSNSを何気なく見てしまうので、夜10時以降は「省エネモード」にして暗闇じゃないとスマホ画面が見えないくらいの明るさに調整する。

・家族と一緒に何気なくテレビを見てしまうので、テレビを見る時間を決める。

・ワインを飲み始めると止まらなくなり無駄な時間を過ごしやすいので、飲まない日を作る。

・野球中継を見始めると気になって仕方ないので、見ながらでもできる単純作業の仕事をする。

・急ぎの仕事があって、野球中継をどうしても見たいときは、ラジオにして音を小さめにバックミュージックとして流す。

2.「生活に必要な時間」を工夫・改善して「未来への投資の時間」に変換、または仕事のパフォーマンスを向上させた具体例

・歯を磨きながら、スクワットをする。
・トイレに行くときは、コードレスイヤホンをつけて、オーディオ学習をする。
・子どもをあやすときや買い物に出かけるときは、コードレスイヤホンをつけて、オーディオ学習をする。
・眠る前の15分は、コードレスイヤホンをつけて、オーディオ学習をする。
・家族の買い物に付き合う時は、店のレイアウトや配置から、そのお店の狙いを探り、良い事例があれば、マーケティング事例としてストックする。
・車に乗っていて、目につく看板は「なぜ、目についたのか？」考え、配色やフォント、キャッチなど気になったものはメモする。
・休憩時間に見るドラマはできるだけ歴史ものを選び、歴史から勝ち方や失敗事例、哲学を学ぶ。
・睡眠時間を5時間、6時間、7時間、8時間、9時間にしたときの翌日のパフォーマンスを

検証し、ベストな睡眠時間を知る。

・どんなものを食べると、パフォーマンスが落ちるか、あるいは、一日何食がもっともパフォーマンスがあがるか検証し、食事の質や量を調整する。

・アルコールをどのくらい飲むと、次の日に差し支えるか検証し、翌日が仕事の場合は許容量を超えないように調整する。

3.「業務時間」を工夫・改善して業務効率を高め「未来への投資の時間」に変換した具体例

・キーボードが手のサイズからすると少しでかくて、使わないキーがあるので、小さめのキーボードで必要最小限のものに買い替える。

・キーボードを打つスピードが遅いので、自然とスピードが向上するやり方を調べ、早く打てるようにする。

・クライアントとのやり取りで定型化できる文書については、コピペで使用できるようにストックしていく。

・WEB制作でじっくり時間をかけて、様々なシーンで使える汎用性の優れたテンプレートを作成し、作業効率を高める。
・クラウドサービスを活用して、クライアントとのコミュニケーションを円滑にする。
・毎日、行っていた作業を、3日にまとめて1度にすることで、作業効率を上げる。
・自分でなくてもできる仕事で、外注に回せることがあれば、外注に依頼する。
・エクセルを使った打ち込み作業に、マクロを組み込み、入力作業を大幅削減する。
・将来関わりたい分野のクライアントに、最大限のサービスをして、他では知れない情報や経験をする。
・業務に関わりのないメールはチェックしなくて良いように、受信メールにフィルタをかけ、自動で選別する。
・参考になる事例を日ごろからストックして、アイデアが行き詰まった時に参考にする。

データ戦略の破壊力と、人生転落の注意点

いかがでしたでしょうか。具体的に、僕がこれまで改善してきたことを列挙しました。もし、参考になる事例があればぜひ活用してください。

生活時間を改善して、パフォーマンスを上げるだけでも、仕事の出力がまったく変わりますし、作業効率を高めるということは、それだけ違う仕事が出来たり、クライアントへのサービスに転換できるので、売り上げに直結します。もちろん、無駄な時間を「未来への投資」にできれば、人生は「成功曲線」の角度をより広角に上げていくでしょう。自分の行動をデータ化して可視化することはそれだけ破壊力のあるノウハウだと思います。

1か月も続ければ、目標に向かって「小さなこと」を積み重ねる環境が整ってくるはずです。

もし、なかなか未来への投資に割く時間が取れない、とか、将来のための備えや勉強をする時間が作れない、と悩んでおられる方がいたら、今すぐやってみてください。日々、記録し、データ化するだけで、明らかに《無駄》な時間は減りますし、業務効率も上がります。そして、将来、大きな見返りが期待できる時間を少しずつ、増やしていくことができます。

ただし、ご注意いただきたいことがあります。

こうして時間戦略によって生み出された時間とデータ戦略の正しい努力によって、どんどん成果を出していくと、人生に必要な時間を、必要以上に侵食してしまうケースがあります。代表的なのは、家族との時間や友人と過ごす時間。それは、決しておろそかにしてはいけない、人生を長期的に豊かに生きていくために必要な時間です。あまりにそうした時間に割いてしまうのは良くないと思いますが、かといって、**非生産的な無駄な時間としてしまうと、どれだけ成功しても喜びあえる人が周りにいなくなってしまいます。**

データ化してみると分かりますが、成長速度が明らかに早くなるので、僕も時々「この時間に仕事ができたら、もっと稼げるのにな……」と思うことがあります。でもそれは、やっぱり、よくありません。ご存じでしょうか？　億単位の資産を持っている社長たちは離婚率がめちゃくちゃ高いことを……。

また、この管理術はあくまで手法であって、実現したいのは**「未来への投資」の時間を増やし、その質を高めること**です。同様に管理できるなら手帳でも、アプリでもなんでも構いません。のちのち分析しやすいので出来れば、デジタルでまとめていただくことをお勧めしますが、同じことができるなら、エクセルじゃなくても大丈夫です。

繰り返しになりますが、行動をデータ化して可視化することで、工夫や改善が可能になり、**正しい努力で目標に向かっていく**ことができます。**「やるべきこと」がどんどんクリアに**なって、成長が加速します。ただし人生のバランスをよくよく考慮のうえ、実践してくださいね。

よろしければ、**４つの時間に分類した時間管理表のテンプレート**を差し上げます。ご希望の方は下のＱＲコードから読み取り頂くか、ＵＲＬを入力いただき、ダウンロードしてください。

https://zoroya.co.jp/time-management/

第2の戦略のまとめ

第2の戦略＝データ化して、行動を可視化することで未来への時間の質と量を上げる戦略をまとめると、次ページのような図になります。

図のようにするために、時間を４つに分類して、データ化することが重要です。ポイントは、

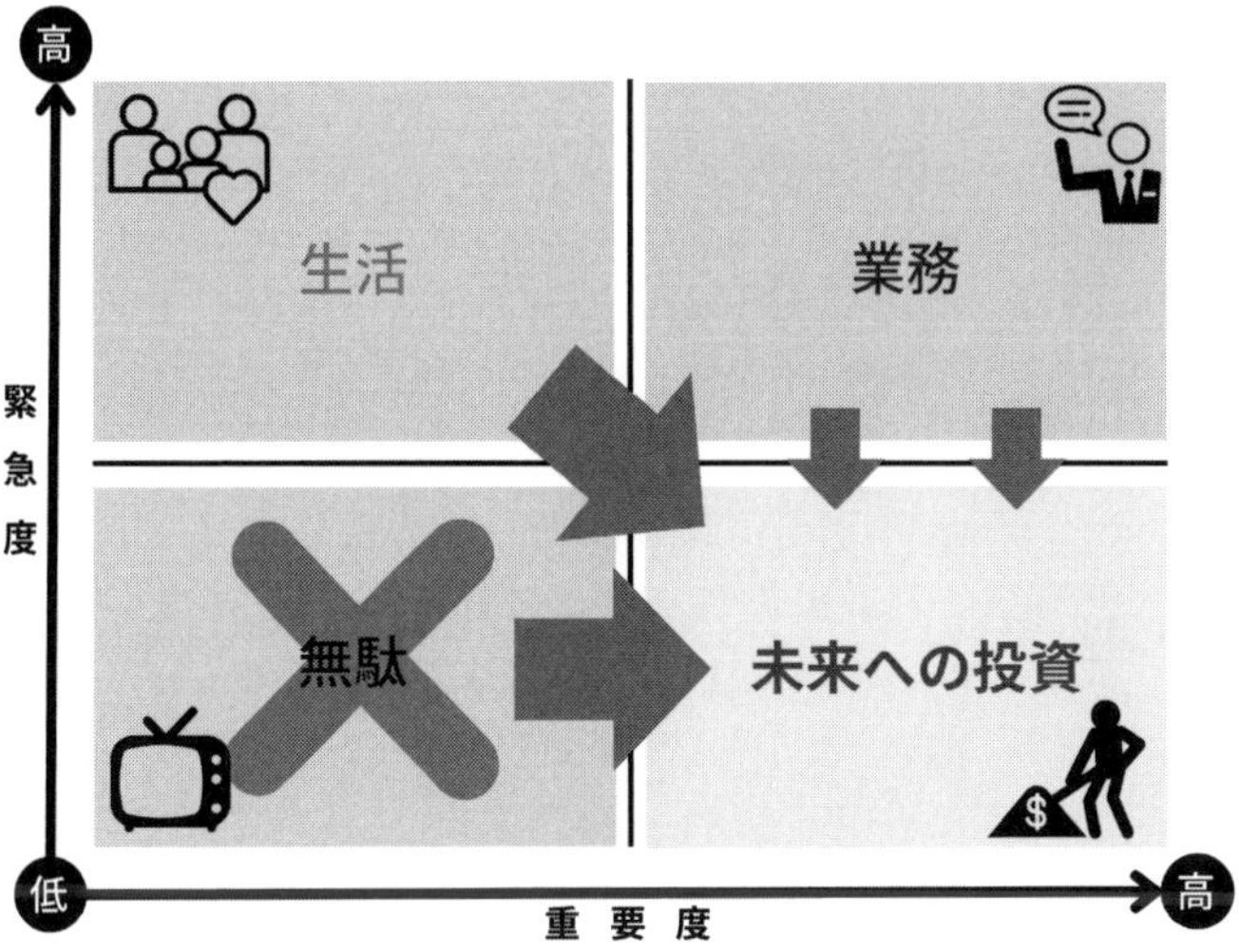

①自分の行動を客観視し、無意識のうちに行っている**無駄なこと、無駄な作業を洗い出す。**
②データ化することで浮かび上がってきた、**生活や業務の効率や生産性を改善**する。
③行動と時間の可視化により、生み出された**未来に投資する時間で、コツコツと努力**する。

もしかしたら「めんどくさっ！」と思われたかもしれませんね。たしかにめんどくさいです(笑)

でも、考えてみてください。この**日々の管理を怠ることによる損害は、めちゃくちゃでかい。**

これをしなければ、先ほどお伝えした工夫・改善は出来なかったですし、結果、正しい努力とはならず、無駄な時間を膨大に過ごしてしまったでしょう。成長速度は明らかに遅くなるはず。実際、僕がこのデータ戦略に辿りついたのは、長い低空期間を経て、少しずつ人生が上向き始めたころのことで、手探りで実行し始めてから、一気に成長スピードが加速しました。

実に2年くらい無駄にしており、その分、借金苦から逃れられなかったのですから、あの苦しい生活を思えば、このくらいの「めんどくささ」はたいしたことありません。スタート当時から、データ戦略に気づいていたら、少なくとも2年早く、年収1千万円を達成していたでしょう。

僕のような凡人以下の人間は、あまり人がやりたがらない**「めんどくさいこと」を真面目に続けることでしか、這い上がっていけない**のだと思っています。

「崖っぷち」でも、自分を信じることができた理由

恥ずかしながら、ここでどのくらいの期間、借金をしていたか公表します。

年利14・8%で200万円をおよそ5年間。年利10・8%で500万円をおよそ5年間。合計約10年間。常に満額借り続けていたので、その利払いたるや、計算するのも恐ろしいですが、下記のようになります。

200万×14・8%×5年＝148万
500万×10・8%×5年＝270万

10年でなんと、約418万円の利息を払ったことになります。当時の僕の年収が約420万円ですから、**丸々1年タダ働きしたも同然。**さらに、車のローンやクレジットカードの分割手数料や、リボ払いの金利などもありました。それを含めると、……頭がクラクラしますね。借金だらけの時は近くのスーパーに行く度に**「世の中の人たちは、どうやって、普通の生活をしているのだろう⁇」**と本気で不思議でした。

そうしたギリギリの中で、なんとかメンタルを保てたのは、家族や周囲の存在が大きいですし、先にお伝えした「成功曲線」を知ったこともあります。ですが、もうひとつ、あなたにお伝えしておきたいことがあります。「コレ」がなければ、たとえ家族の支えがあろうが、「成功曲線」を知っていようが、人生をあきらめていたかもしれません。

それは、**自分を信じる**こと。

「なんだ、そんなことか。つまらない」と思わたかもしれません。言葉にすると、ありふれていて、確かに面白くないので、お伝えすべきかどうか迷いました。でも、あとから思えば、第1の戦略（時間を投資する）、第2の戦略（データ化する）の地味でつまらないことを継続できたのは、**どんなに借金しようが自分との約束を守ってきた習慣の存在があったから**なんです。

逆に、その習慣がなければ何事も成しえなかったのではないかとさえ思います。

自信と目標を育てた4つの習慣

2018年当時で、日々、欠かさず行っていた習慣が4つありました。

1. **朝の筋トレ**
2. **出勤時のトイレ掃除**
3. **夜の日誌を書く**
4. **寝る前の感謝**

ひとつひとつは「小さなこと」ですし、始めて1週間後に成果を実感できることはひとつもありません。ところが、1年続け、3年続けていくと、明らかにステージが上がったことに気づきます。誰もが話している「聞きなれたこと」ではあると思うのですが、これらの**習慣がなければ、自分を信じ切ることは絶対にできません**でした。

それぞれ、スタートした時期は違うのですが、その共通した目的は**「自分との小さな約束を**

守ること」です。

どこで聞いたのか、耳にしたのか、教えてもらったのか、わかりませんが、**自分との小さなルールを守り続けることが大きな自信に繋がる**んだと、昔から信じていました。もしかしたら、中学生の時に読んだ、北方謙三氏の小説に影響を受けたのかもしれません。

自分との約束も守れないやつは男じゃない。

そんな趣旨の文章があったように思います。

もし、あなたが、もっと自分に自信を持ち、どんなときもやり遂げられる人間でありたいとお考えなら、まずはトイレ掃除をおすすめします。**トイレ掃除ほど、人格を育て、日々を謙虚に過ごさせてくれる習慣はありません。**

今から振り返れば、トイレ掃除を始めてから人生はほんの少しずつ好転していったような気がしています。

トイレ掃除から経営を学ぶ

一口に、トイレ掃除とはいっても、ほんとうに奥が深いんですよ。たとえば、床から拭くか、便座から拭くか。どちらの方が効率よく、きれいにできると思われますか？

トイレの構造にもよりますし、使用する用具にもよるでしょう。僕は、はじめは厚手のトイレ専用シートを使っていました。コストのことも考えなくてはいけないので、いちどに1枚で便座を拭き、そのあとに床を拭きました。床の後に、便座では、便座が汚くなると考えたからです。

しかし、しばらくして**厚手のトイレ専用シートは意外とコストが高いことに気づいた**んです。それに、便座から掃除すると、床に膝をついて作業できないので、腰をかがまなくてはいけません。**その姿勢が少し、つらい。**そこで、トイレットペーパーで拭き取る泡スプレーに変更してみました。これなら、床から掃除できます。

それからは、まず床に、シュッ、シュッ、シュッ、と3回スプレーして、トイレットペーパーで拭き取り、そこへ膝をついて、自然な姿勢で便座を掃除するようにしました。これで、コスト改善と、作業改善して、時間も費用も削減することができたわけです。

継続することで「自分はやろうと思ったことができる」という自信に変わる

そうしたことを3年も繰り返すと、朝のトイレ掃除がますますラクに、早くきれいに、こなせるようになりました。しかも誰に褒められるわけでもないのですが、経費まで削減することができました。そしてわかったんです。

生産性を上げるって、ひょっとしてこういうことじゃない？

トイレ掃除自体は、会社の利益に直接、貢献しません。

ですが、事実、トイレ掃除のコスト削減をすることで年間数百円、利益を上げました。2分、早く終わらせることで、その2分はセールスやマーケティングの時間に使うことができます。それを年間260日行えば、260日×2分＝520分（約8時間40分）浮かした計算になります。

そして、**コストと作業を見直し、改善を重ねる思考と行動**は、トイレ掃除だけにとどまりません。たとえばWEBマーケティングで顧客獲得コストを千円削減し、ランディングページの成約率を1%改善して、結果的に売り上げが1・2倍、利益は1・6倍へとより生産性を上げることに繋がっていくことだと思うのです。

トイレ掃除からも経営は学べるんだ！ と気づき、その発見は「もしかしたら自分がはじめてじゃないか！」と興奮しました。こうした習慣を何年も継続することで、いつの間にか、**自分には約束したことが「出来る」という確かな自信となっていたんです。**

視座を高める「感謝」の習慣

もうひとつ、僕がたいせつにしている習慣をご紹介したいと思います。それは、眠る前に必ず、ご先祖様と、親、家族、その日出会った人たちに手を合わせて「感謝」すること。出典は定かではないのですが、何かの本で読んで共感し、真似したことがいつしか僕なりの習慣になっていました。

個人的な話になりますが、僕は中学生くらいから親とうまくいきませんでした。特に母親からは離れたくて、それで大学は実家から離れた土地を選びました。そうして一人暮らしをして間もない夏のことです。祖父が倒れました。当時、僕は18歳。釣りを教えてくれたり、小さなころから色々なところへ連れていってくれた、大好きな祖父でした。

祖父の入院する病院をひとりで見舞ったとき、僕は病室になかなか入れませんでした。今でもわからないのですが、涙が止まらなくて、屋上に行き、気持ちを落ちつけてから、病室に向かうものの、だめです。45分くらい行ったり来たりして、なんとか祖父に対面したものの、こらえ切れず、ずっと俯くしかなかったのを今でも覚えてます。その時は回復していて危篤というわけでもないのに、涙が出てきてしょうがなかったんです。

祖父は僕が見舞ったのをとても喜びました。僕はほとんど「うん」としか言えなかったのですが、大学生活はどうか、一人暮らしは慣れたか、と尋ねては、そうか、と短く頷きます。

それから間もなくして、祖父は病室でまた倒れ、集中治療室にはいりました。亡くなったのは2週間後。その間、僕は祖母と一緒に、一日も欠かさず一時間弱かけて病院に通いました。不思議なことに涙はほとんど出ませんでした。ちょうどアメリカで、超高層ビルに飛行機が突っ込む前代未聞のテロ事件が起きた年のことで、そのニュースをぼんやり眺めていました。

生前、祖父からはSEIKOの時計をもらっていました。自動巻きのクラシックな盤で、表面がダイヤモンドコーティングをしているので傷がつかないという代物です。常に身につけていると、永遠に時を刻みます。電池式ではなく振動によって自動で巻かれるので、壊れない限り、時計の針は止まりません。とても不思議な感覚ですが、その時計の針が刻む現実と、僕の中の時間は少しずつ、少しずつズレていくようでした。

そして祖父が亡くなって数年たったときのことです。得体の知れない〈焦り〉が、僕の中に巣くうのを感じるようになりました。この焦りの正体がなんなのか、実に10年以上もの間わからなかったんです。当時は、仕事で思い通りに大成出来ないことに対する焦りなんだろう、と思っていました。でも、本質は違っていました。

たとえば、このまま親が死んだら……。立ち上がれないほど激しく後悔すると気づいたのです。僕は18歳で親元を離れ、好き放題にやってきました。それなりに苦しんだつもりでしたが、受けた恩や感謝を誰にも、何も返してこれなかった。特に、親をはじめ、肉親には。**僕は何をしてきたんだろう？　誰のために何のために生きてきたのだろう？**　と思いました。

自分の欲のためだけに生きてきたのかな……？

自分がひどく醜く、価値のない人間に思えてどうしようもなくなりました。それが、焦りの正体でした。

眠る前の「感謝」の習慣をはじめてから、俯瞰して、ものごとを眺められるようになった気がします。これは、いわゆる僕なりのマインドフルネスの習慣だったのでしょう。好みは別れるかもしれませんが、眠る前の感謝の習慣は、かなりおすすめです。困難に直面した時や、感情が乱れているときは特に、幽体離脱するように自分自身を上から眺めることで、問題解決の糸口を速やかに見つけることができます。

眠る前の感謝の習慣は、図らずも、**正しく生きることとの意味**を諭してくれたのでした。

下手な励ましは、支払い能力のない人にクレジットカードをもたせるようなもの

こうして、自分との約束を守り続け、継続しているうちに、むやみに自信を持たされることのあやうさも理解しました。

たとえば、仕事がうまくいかなくて、落ち込んでいる人に「大丈夫、あなたなら出来る！」ということがあるかと思います。それ自体は、心地良い言葉です。そう伝える人の、励ましたい気持ちも分かりますし、多くの場合、親切心で伝えているはずなので否定はしません。

ただ、やたらと励ますのはあやうい。人から与えられた自信は、やはり借りものです。その言葉はとことん**悔いのないように努力してきた人にしか向けられるべきではないと思うのです。**

「自信」には、形がありません。「勇気」や「信頼」「愛情」のように目には見えませんから、その存在を感じるには行動が必要でしょう。

「勇気」というのは、それを持つ瞬間ではなく、足を踏み出したその時に。

「信頼」は、相手が行動で示してくれて、はじめて実感できるものです。

「愛情」も伝えるには持っているだけではダメで、言葉や行動で示してこそ、それと分かってもらえます。

「自信」も同じで、根拠を作らなければ、持てません。根拠とは《実績》です。

実績は「積み重ねてきた事実」といえるでしょう。自信は、誰かに持てといわれて持てるものではなく、自分の中で実績を作らないとその存在を感じることは出来ない。**人に言われて持てた「自信」は他人のクレジットカードのようなもので、実体がありません。**

支払い能力がないのにクレジットカードを使ってしまって、支払えないことに気付き、愕然とし、絶望してしまう。失敗ばかりしていた昔の僕が、まさにそれでした。自分の実力を過信して、天狗になっていたのです。

心地良い言葉は地獄へのアナウンス

ホンモノの自信は「持とう」と思って持てるものではありません。いつの間にか、気づいたら持っているものではないかと思います。僕は今なら、心の底からやると決めたらやり通す自信があります。なぜかというと、先ほど述べたように、欠かさず行っていた習慣があったからです。

繰り返しになりますが、2018年当時の習慣は次の4つでした。

①朝の筋トレ
②出勤時のトイレ掃除
③夜の日誌を書く
④寝る前の感謝

毎日、小さなことでも自分との約束を積み重ねてきた《実績》があるから、自分自身をナチュラルに信じることができます。この「積み重ね」が気付かぬうちに自信となっていたのでしょう。ですから、むやみに「自信を持って！」と励ますことを今はしません。無責任な発言だと思うからです。

ひとつひとつは、小さなことです。でも、**トイレ掃除を毎日やる、ということと、成功するために今できることをする、ということは、本質的には一緒**で、イチロー選手の言うように、その「小さなこと」の積み重ねでしか、成功することはできないんじゃないか、と確信しています。

僕たちは本能的に「誰でも」「はやく」「簡単に」という心地良い言葉についつい惹かれますが、成功するためにそんな方法はないと思った方が良いと思います。借金してまで試してきたので、わかります。もしかしたら、一部の天才は「誰でも」「はやく」「簡単に」できる方法で、あっという間に成功してしまうのかもしれませんが、少なくとも、凡人以下の僕はいくら試してみても無理でした。

イチロー選手は、インタビューでこうも言っています。

今自分にできること。頑張ればできそうなこと。そういうことを積み重ねていかないと遠くの目標は近づいてこない。

考えてもみてください。年収1千万円以上稼げる人は、20人に1人。約5%でしたよね？もし「誰でも」「はやく」「簡単に」できる方法があるなら、もっとその割合は多くても良いはず。人間の脳は、本質的にはものすごく怠け者です。ラクできるならラクしたい。だからこそ、コピーライティングでは心地良い言葉を使うと、反応率が上がります。逆にいうと、**大変なこと、面倒なこと、手間のかかることは、本能的に嫌う**のです。

でも、成功者たちは知っています。大勢の人が歩む道の裏に、成功は転がっていることを。僕の尊敬する経営者が言っていました。国の覇権を握っている一部の人たちがどう考えているかというと、99・9%の国民は馬鹿な方が都合が良いと思っている。できるだけラクをして、楽しく生きて、そして、税金を納めるだけ納めて、真実は知らずにのほほんと死んでいってほしいと考えているんだと。彼らにとっては、下手に賢くなってもらったら困るんです。自分たちの取り分が減るから。

だから、心地良い言葉に耳を傾けてはいけません。それは、地獄へ向かうアナウンスです。**成功は、大変なこと、面倒なこと、手間のかかることの中にあります。**

次章では、いよいよ、第1の戦略、第2の戦略を踏まえ、それらを仕組み化する戦略をお伝えします。

第3の戦略：仕組み化戦略

ここまで、まずは時間を作り出し、行動を可視化して、未来へとつながる小さな積み重ねを続けていく戦略をお伝えしてきました。

これは成功確率を1%でも上げるために、欠かせない戦略です。

確率論でいうと、**たとえ1%の成功確率であっても450回やれば99%成功する**そうです。1度目の挑戦で成功する確率は1%。失敗する確率は、99%とすれば2度目に挑戦する時は、0・99×0・99＝0・9801。失敗する確率は、98%。つまり、成功確率は2%です。

では、5度挑戦すると？

1－0・99（1回目の挑戦）×0・99（2回目）×0・99（3回目）×0・99（4回目）×0・99（5回目）＝4・9％

約5％まで成功確率が上がります。成功確率が0なら、いくら頑張っても、成功しません。1％でも可能性があるのなら、5回の挑戦では5％の成功確率ですが、450回やればほぼ成功。

そこで、考えなくてはならないのが**コスト**と**時間**です。継続すれば成功するとはいっても、可能性の低いことに何度も挑戦していては身が持ちません。たとえば、1年に1度の文学賞に応募するとしたら、成功確率が1％なら450年かかってしまうわけです。

どうすればいいか？

成功確率を上げるしかありませんよね。あるいは、こういう考え方もできます。**失敗する確率を減らす努力をする。**もし、成功確率を上げる努力と、失敗する確率を下げる努力をして、結果的に20％まで高めることができたら、効率は大きく変わります。

1－0・8の10乗＝89・2％

10回やれば89・2％の確率で、成功できるのです。

第3の戦略は、そうした成功確率を高めるための仕組み化戦略です。

生涯年収のケタを変えるパワフルな仕組み作り

ひょっとしたら、あなたはこう思われているかもしれません。

「でも、まだ**「やるべきこと」が明確にならない**気がするんだけど……」

あるいは、

「やりたいことがわかってる人だったらいいけど、**目標が漠然としている人には向かないんじゃない？」**

と。

だとしたら、まだ第1の戦略、第2の戦略でお伝えしたことを、取り組まれていないためかと思われます。

とはいえ、ここまで一気に読まれた方にとっては、それも当然ですね。実は、**第3の戦略がもっともパワフルなノウハウ**になります。これさえできれば、第1、第2の戦略を飛ばしても、成功できるんじゃないかと思えるほどです。

「じゃあ、これまでの話は何だったんだ。」

となりますが、かつての私のように、無計画で、キャパが小さく、未来への投資に時間を割けない場合は、まずは時間を作ってこなければいけませんでした。それに、どう考えても、**手法やノウハウだけでは難しくて、戦略を持続させるためのメンタルがなければそもそも続かないんです。**そのための「時間戦略」（第1の戦略）、「データ化戦略」（第2の戦略）でした。

ただ、すでにそうした準備が出来上がっていて、未来への投資の時間が取れる方は、この第3の戦略だけでもマネしていただくと、びっくりするくらい現実が変わるでしょう。やることは、きわめてシンプル。

朝と夜に20分、頭の中身をアウトプットする仕組みを作るだけ。

断言してもいいです。これをきちんとするだけで、**生涯年収のケタが変わります。**だから、パワフルなんです。僕自身、10年前の自分にひとつだけ伝えたいことはあるか？　と聞かれたら「いいから、これをやれ！」と伝えます。そうしたら今頃……、いえ、うさんくさくなるので、さすがにやめておきましょう。

具体的に説明しますね。

アウトプットする仕組みの作り方

まず、全体の流れからご説明します。大きく、3ステップ。

STEP1：朝起きたらすぐに、悩み、不安、怒り、感情、課題をすべて書き、解決策を考える

箇条書きで構いません。今、頭の中にある「悩み」「不安」「怒り」「問題」すべてをひたすらリストアップします。その後、それらに対する解決策や対策をその横に書き、余裕があればそれまで書いたことを眺めます。朝は、それだけでOK。**（所要時間：10〜20分）**

STEP2：昼間、気づいたことや、学んだことをメモしておく

昼間、ふと思い浮かんだことや人と話して学んだこと、本で学んだこと、他社の営業活動やマーケティングを見て気づいたことなど、あらゆる気づいたことをメモしておきます。

STEP3：夜に昼間のメモをまとめ直し、書き留め、朝考えた解決策に付け加える

昼間に得た情報をまとめます。朝に書き出した問題課題を解決するヒントがあれば、付け加

えます。**（所要時間：10～20分）**

アウトプットするツールは、手帳でも、ノートでも構わないのですが、圧倒的におすすめするのは**マインドマップ**です。

マインドマップとは、ツリー状にテーマを派生させていくデジタルツール。**思考を整理したり、業務効率化したり、問題を洗い出して解決策を考えたり、ＴｏＤｏリストや、1人ブレインストーミングをしたりするのに非常に便利なツール**です。

次ページに「目標年収1千万」として、簡単なサンプルを作りましたのでご覧ください。

これが、マインドマップを通して、整理しているトピックのサンプルになります。「目標年収1千万」という中央のテーマに対し「プライベート」「課題」「仕事」「学び」４つの下層トピックを作り、それぞれに対し、細かくテーマが枝分かれしていきます。それぞれのトピックは、自由に移動でき、たとえば「仕事」→「ＷＥＢ制作」→「クライアント」→「Ａ」の作業が終われば、「Ａ」をその下にある「✓完了」に移動します。また、「進捗」の下層トピックに「提案」などのようにトピックを追加することもできます。サンプルでは「完了」のみにアイコンをつけてますが、「1／4まで完了」「旗印」など様々なアイコンも可能で、文字の大きさや、背景

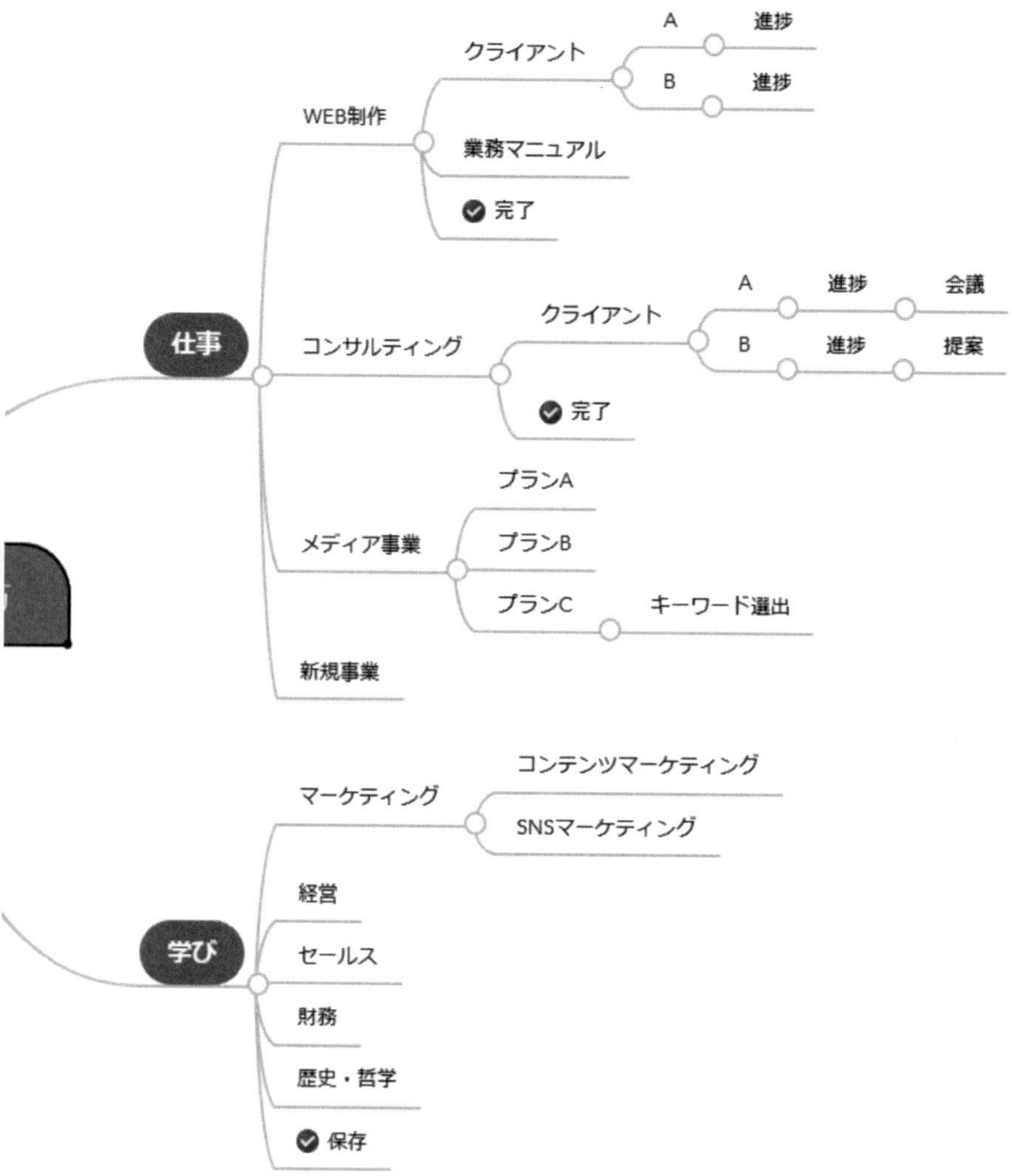
仕事
WEB制作
クライアント
A
進捗
B
進捗
業務マニュアル
完了
コンサルティング
クライアント
A
進捗
会議
B
進捗
提案
完了
メディア事業
プランA
プランB
プランC
キーワード選出
新規事業
学び
マーケティング
コンテンツマーケティング
SNSマーケティング
経営
セールス
財務
歴史・哲学
保存

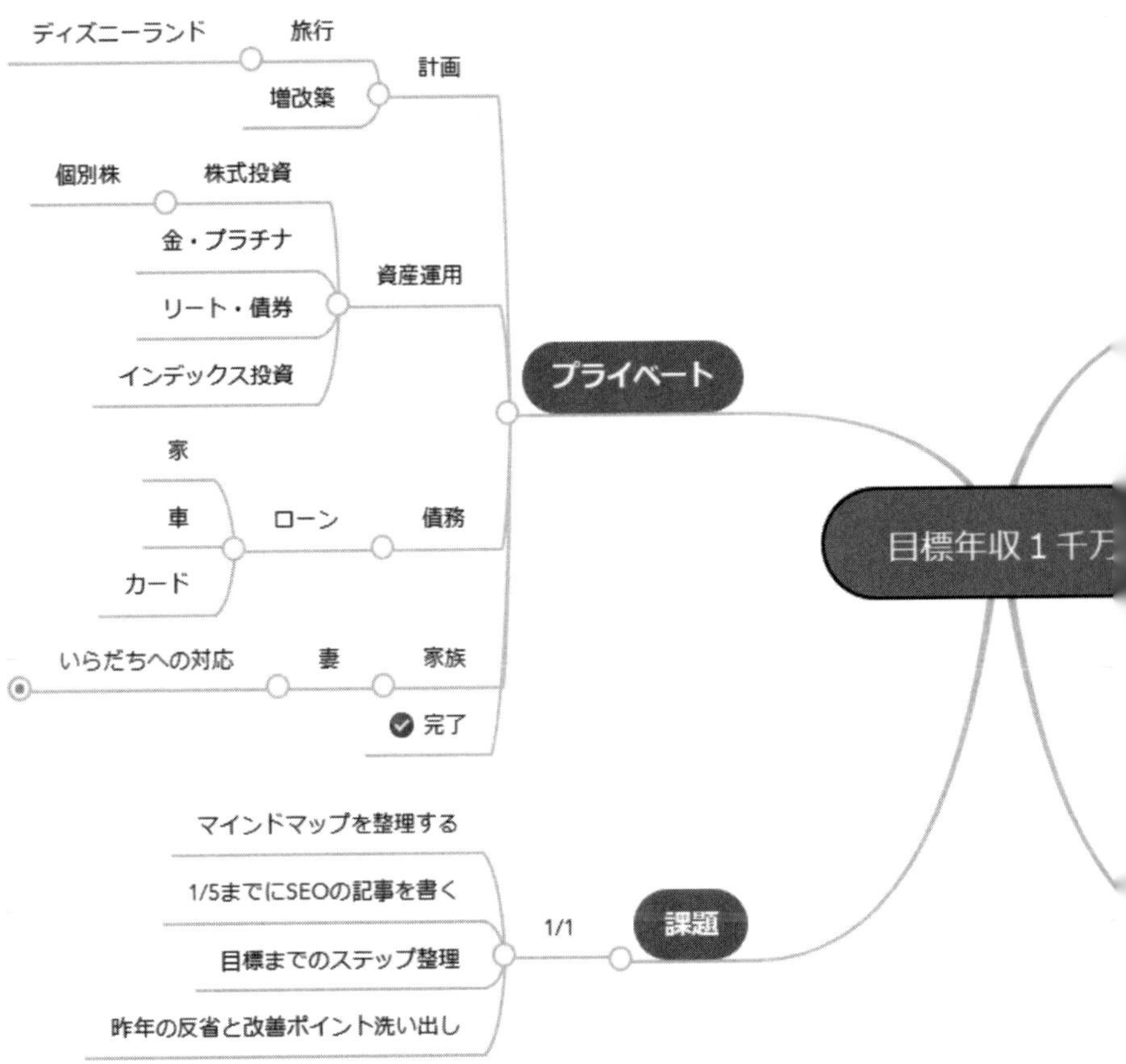
ディズニーランド
旅行
計画
増改築
個別株
株式投資
金・プラチナ
資産運用
リート・債券
インデックス投資
プライベート
家
車
ローン
債務
カード
目標年収１千万
いらだちへの対応
妻
家族
完了
マインドマップを整理する
1/5までにSEOの記事を書く
1/1
課題
目標までのステップ整理
昨年の反省と改善ポイント洗い出し

の色も、変更できます。さらに、下層トピックを頻繁にチェックする必要がなければ、非表示にして、必要なときだけ表示されるようにもできます。クリックひとつで。

イメージとしては、百円均一などで売っている「ふせん」ありますよね？　黄色とかピンクの小さな紙に、はがせるのりがついている、あの「ふせん」です。ふせんに1枚ずつトピックを書いて、参考画像のように並べれば、同じようなことができます。ただ、相当めんどくさいし、はがれて紛失することも考えられますよね。しかも、記入できる範囲には限りがあります。ノートはどうかというと、トピックを移動するには、いったんトピックを消して、書き加えなくてはいけませんし、一元管理はできません。見なくてよいトピックを非表示にはできないですよね。

そうしたアナログツールよりも、デジタルツールをお勧めするのは、

1. かさばらないこと。
2. 書いたことを前後左右上下に移動できること。
3. 紛失する心配がないこと。

この3点の理由からです。

ちなみに僕はときどき「完了」に入れたトピックを見返すことがあるのですが、そこからアイデアのヒントを見つけることがあります。現在もマインドマップを活用していますが、トピック数はおそらく数万個になるのではないでしょうか。ノートにしたら、20〜30冊分のボリュームでしょう。これからも、まだまだ増えていきます。それを持ち運びするのは至難の業ですが、マインドマップならノートパソコンやタブレットで、いつでもアクセスできます。データはオンラインのストレージに置いてあるので消えてなくなる心配もありません。

人は、脳機能の10％も使えていないといいます。理由のひとつは「忘れる」からです。**僕は本を読んで、学んだことを1週間後には5％も覚えていません。**1か月もすれば、ほぼ忘れてます。ですが、自分にとっての学びを抜き出し、マインドマップに記録しておけば、いつでも取り出せます。たとえば「マーケティング」関連の本は、「学び」→「マーケティング」→「参考書籍」というトピックにすべてをまとめています。忘れても、そこを見れば思い出せますし、何度か繰り返すと、その学びは定着します。そして、見る必要がなくなったら、普段は表示しないように非表示にすれば良いのです。すると、**頭の中もマインドマップも、どんどん整理され、ますます必要な「やるべきこと」に集中できるように**なります。

マインドマップの実際の操作感を知りたい方は、下のＱＲコードを読み取っていただくか、ＵＲＬ（https://zoroya.co.jp/1-5-times-monthly-income-in-1-month/）からご覧になってみてください。

なお、マインドマップのツールは、何でも構いません。サンプルでは、ＭｉｎｄＭｅｉｓｔｅｒというクラウドで使える無料サービスを利用しています。マインドマップツールにはたくさんの機能があり、グラフを入れたり、ツリー上の構造だけではなく、魚の骨のような構造を作れたり、デザインも見栄え良くできたりします。

僕も色々と試しましたが、もっとも大切なのは、**頭の中身をアウトプットすること**。それには、先にお伝えした機能さえあれば十分なので、どれだけトピックを作っても動作が重くならない容量の大きさと、操作性があれば、問題ありません。長期的に運用するなら、ＭｉｎｄＭｅｉｓｔｅｒか、ＭｉｎｄＭａｎａｇｅｒの2択です。

アウトプットするときのルール

アウトプットするときは、ひとつだけ、ルールがあります。

誰かに見せることを意識して書かない

こと。

意識してしまうと、自分の本心が出てきません。ヒトの脳というのは、3段階で行動する仕組みになっていて、**「感じて」➡「考えて」➡「行動する」**んだそうです。誰かが読むことを意識すると、「考えて」しまうんですね。頭の中身をアウトプットするには、考えなくてはいけないのですが、その前に感じたことをそのまま書かないと、完全にアウトプットしきれない可能性があります。

感じたことを書くと、**言葉となって可視化することによって、客観的に見ることができるんです。**

たとえば、職場で腹が立って仕方ない人がいたら「あいつ、ムカつく！　殴ってやりたい」と書く。「痛い目に合えばいいんだ！」そんなドス黒い感情があれば、素直に書いてください。僕もたくさん書きました。さすがに公表できませんが、人格を疑われるようなことを書きまくりました（笑）もちろん、誰にも見せてはいけません。当然ですが、もし、職場で書いていて、誰かに見られたらヤバイことになります。誰にも見られないところで、書いてください。とにかく吐き出して、頭の中を空っぽにしてほしいのです。慣れないうちは、あまり出てこないかもしれません。でも、頭の中を空っぽにできたとき、ものすごく冷静になれるはずです。

脳の仕組みを思い出してください。「感じて」➡「考えて」➡「行動」します。「あいつ、ムカつく！　殴ってやりたい」と感じたことを吐き出したら、脳は次の段階へと進みます。「なんでこんなにムカつくんだろう？」と一歩、引いて「考える」ことができるでしょう。

僕たちは、他人をコントロールすることはできません。部下を持ったり、仕事ができるようになってくるとついつい勘違いしてしまいますが、**コントロールできるのはどんなときも自分だけ**。ムカつくヤツを、良いヤツに変えることはできません。ですが、ムカつくヤツに対する**自分の行動や感情は、コントロールできます**。具体的には、アウトプットした後に「じゃあどうするか？」対策を考えるのです。

僕はムカつくヤツに対する自分の行動や感情をコントロールするために、アンガーマネジメントを学んだり、相手のことを知る努力をして、雑談を通して過去のことを聞き、オーバーなくらい共感していることを示しました。すると次第に、ムカつくことがなくなってきたのです。趣旨から反れるので、これ以上の詳細は書きませんが、「朝起きたらすぐに、悩み、不安、怒り、感情、課題をすべて書き、解決策を考える」ステップ1を続けるだけで、人間関係も良くなるはずです。その際のルールは、誰かに見せることを意識して書かないこと。これだけです。

借金だらけだった10年前の僕自身に、もっとも伝えたいこと

僕は、愚直にこれを続けました。雨の日も風の日も、酔っ払って眠たいときも、継続してみました。そして、スタートしてからひと月が経ち、一か月前の状態と比べたとき、**明らかに自分のスキルがあがっているのを確認できた**のです。気が付けば、**月収は1・5倍、作業効率はおよそ1・4倍**、高くなりました。

「嘘でしょう?」と思われるかもしれません。たしかにラッキーもありましたし、それまでの

積み重ねもありましたが、単純に作業効率が上がり、それが収益に結び付く職業の方なら、イメージできると思います。

WEBライティングを仕事にしている方なら、4千字書くのに3時間かかっていたとして、アウトプットを続けた結果、1か月で作業効率が1・4倍になれば、同じ3時間でも5600字書けます。もちろん、仕事があればの話ですが、収入も比例して1・4倍です。

このマインドマップを活用して**アウトプットを続けていく仕組みを自分の人生に取り入れる**とどうなるか？　借金だらけの会社員だった当時の僕に伝えるなら、こんな未来を提示して「とにかく、取り組むべし！」と伝えるでしょう。

●**論理的思考が強化**され、プレゼン能力が上がり、提案が通るようになる。
●思考スピードが速くなるので、営業成績が上がったり、**会議での発言に周囲の目が変わる。**
●失敗を人のせいにしなくなって、分析ができるので、**ミスが劇的に減る。**
●**ムカつく相手にも感情的にならず**、冷静に対処でき、憐れむことさえできる。
●問題解決能力が飛躍的に上がり、**タスクをこなすスピードが倍以上**になる。
●第三者視点で考えられるようになるので、問題が起こっても、**何が問題なのか分かる**ようになる。

●相手の立場に立って、物事を考えられるので、**人間関係が良好に**なる。

●家族含め、人間関係が劇的に改善され、**休日もこころ安らぐ一日を過ごす**ことができる。

●結果として、自然と収入があがるので、**経済面もメンタルもますます余裕**が出てくる。

●親にごちそうしたり、喜ばれるものをプレゼントできるようになって、**親孝行できる。**

●クライアントへの提案や、商品・サービスが喜ばれ、**高い評価を得る**ことができる。

●**健康問題も改善**され、ますますパフォーマンスが上がる。

●自分が本当にやりたかったこと、**実現したかったことがわかる**ようになる。

●**自分の人生を、自らが主導権をもって、主体的に生きることができる。**

まだ疑っておられる方は1週間でもいいので、始めて見てください。1週間でも変化がわかるほど、パワフルなノウハウです。

成長を加速させる具体的な手順と工程

「朝晩のアウトプットで得られる成果がスゴイことはわかったけど、**具体的にはどうやって運用していくの？**」

という方のために、僕が具体的にやっていることをご紹介しますね。実際のマインドマップはさすがにお見せ出来ないので、サンプルを作りました。

STEP1：朝起きたらすぐに、悩み、不安、怒り、感情、課題をすべて書き、解決策を考える

朝はとにかく、悪い感情や、嫌な思い、仕事のアイデアも、頭の中にある全てをアウトプットします。たとえば、こんな風に。116ページをご覧になってください。

簡略化するため、ボリュームを少なくしていますが、10分もあればもっと書けます。このように頭の中にある一切を吐き出すのです。よくいわれますが、人間の脳みそもパソコンと一緒

でデータを保存しておく容量があるので、朝吐き出した分の容量がこのとき空くんですね。

なお、毎日、続けていくと、当然、膨大な量になります。**トピックごとに整理していかないといけません。**ただ、これは、個人の立ち位置や職業、個性によって、最適な分け方があります。たとえば「仕事」と「プライベート」を分けたり、「仕事」の下に「営業」「マーケティング」「事務」としたり。

僕の場合は下記のように「目標」を中心にして、「仕事」「プライベート」「学び」「課題」と4つの下層トピックに分けています。目標達成するために、何を学び、課題として、仕事に反映し、プライベートでバランスを取るかを軸に考えているからです。

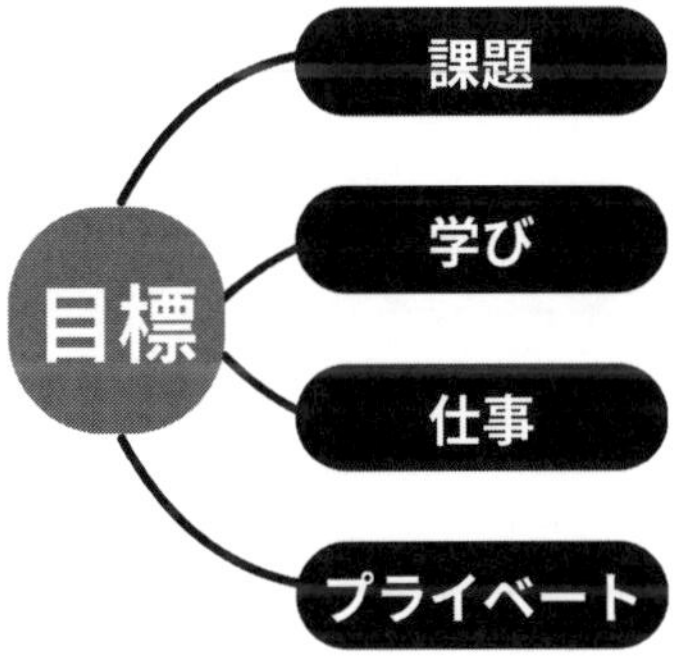

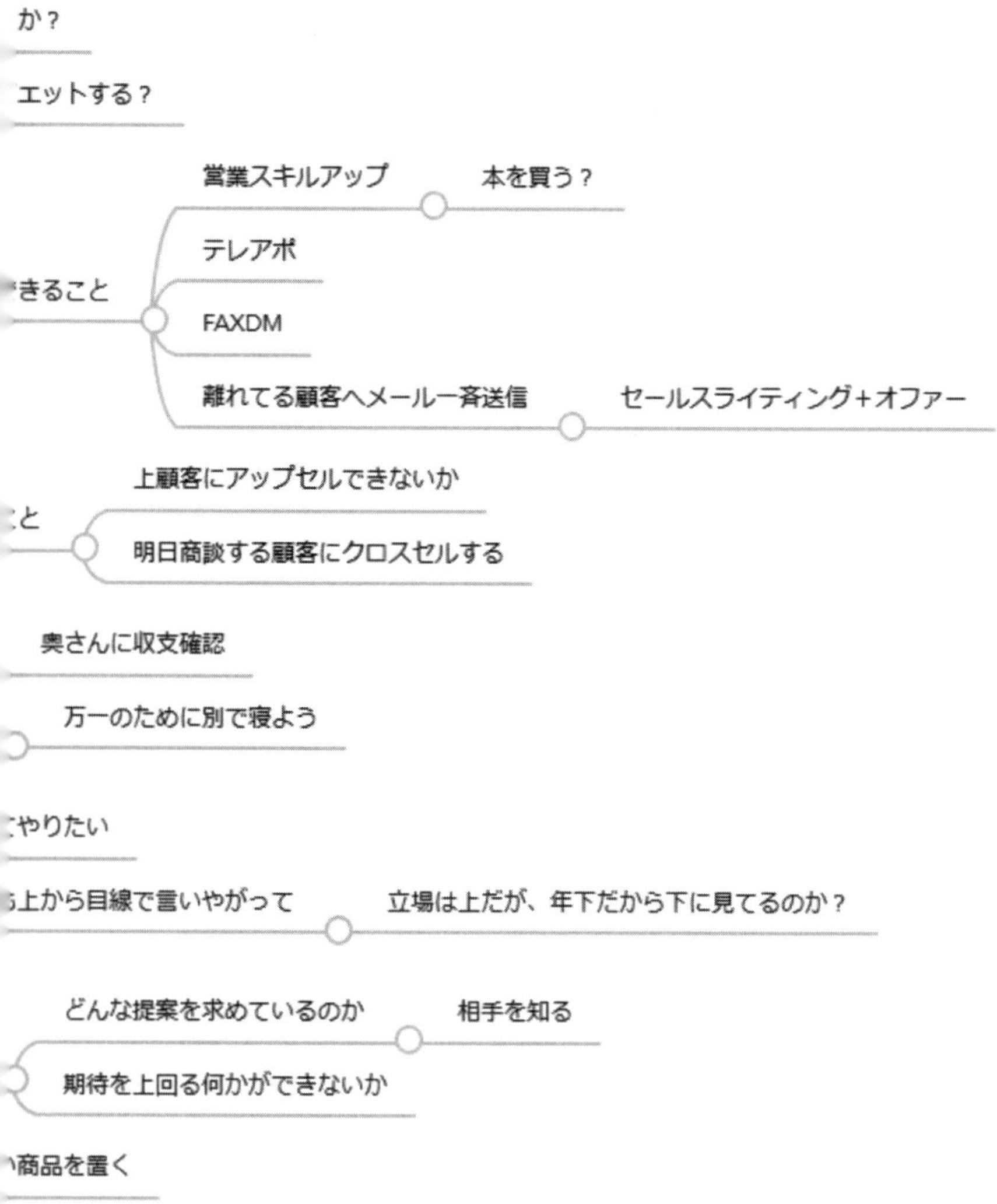
か？
エットする？
営業スキルアップ
本を買う？
テレアポ
きること
FAXDM
離れてる顧客へメール一斉送信
セールスライティング＋オファー
上顧客にアップセルできないか
こと
明日商談する顧客にクロスセルする
奥さんに収支確認
万一のために別で寝よう
やりたい
上から目線で言いやがって
立場は上だが、年下だから下に見てるのか？
どんな提案を求めているのか
相手を知る
期待を上回る何かができないか
商品を置く

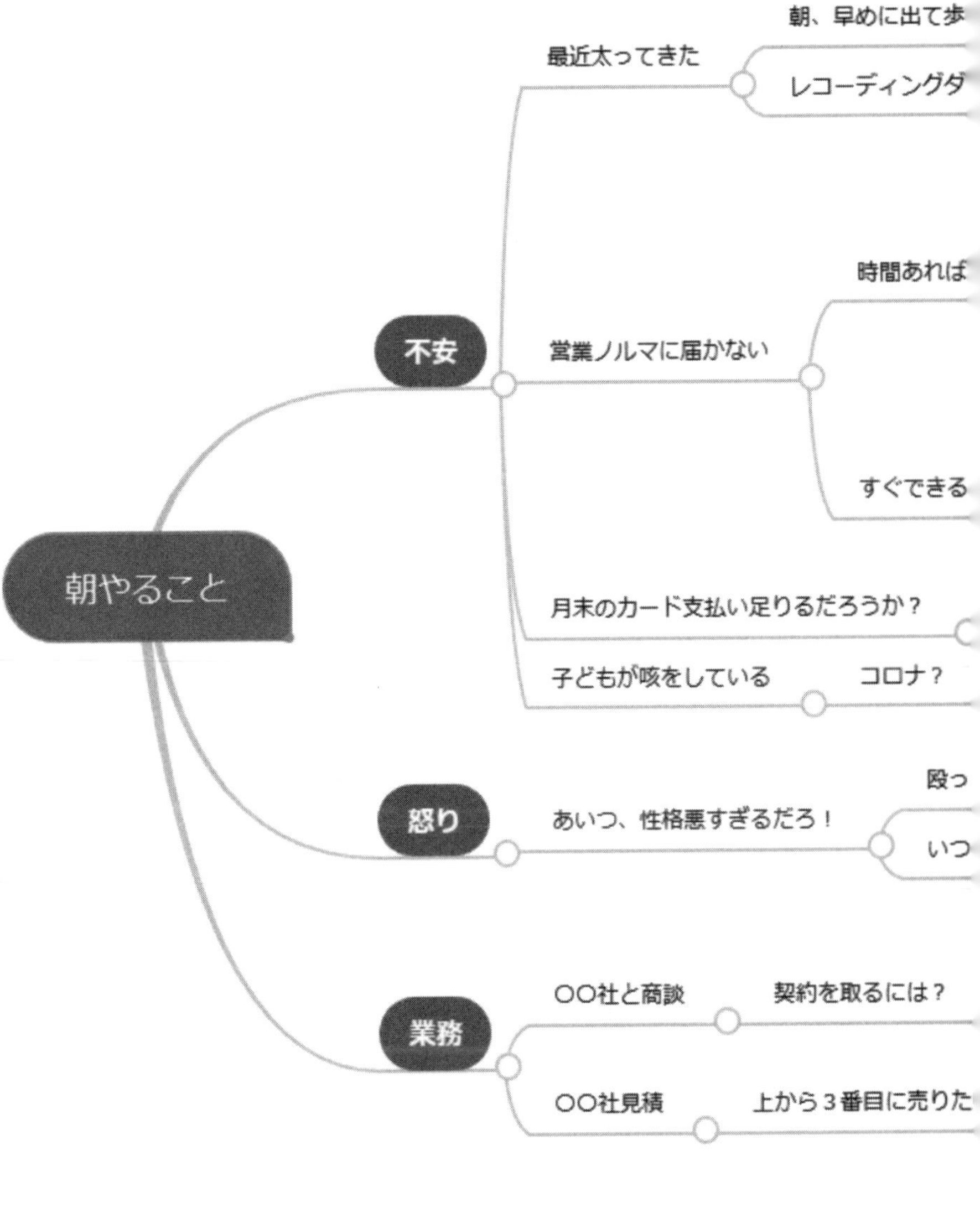
朝やること
不安
最近太ってきた
朝、早めに出て歩
レコーディングダ
営業ノルマに届かない
時間あれば
すぐできる
月末のカード支払い足りるだろうか？
子どもが咳をしている
コロナ？
怒り
あいつ、性格悪すぎるだろ！
殴っ
いつ
業務
○○社と商談
契約を取るには？
○○社見積
上から３番目に売りた

STEP2：昼間、気づいたことや、学んだことをメモしておく

朝、アウトプットしたことやマインドマップで眺めた項目は、意識しないでも何となく覚えていて、**脳は勝手に情報を探し続け**てくれます。たとえば「営業ノルマに届きそうにない」という不安があって、解決策として「帰りに本屋をのぞいてこよう」と考えたら、電車に乗っていても、人と話していても、何かの作業中も、どこかで脳は解決する情報を検索しています。

すると、電車に乗っているときにパッと目に飛び込んでくるんですね。**「売り込まなくても売れる！」**という文字が。それが、斜め前に座っていた営業マンらしきビジネスマンが読んでいた新聞のウラに書いてあったりするわけです。そこで、スマホのメモ帳に「売り込まないで売れる」とメモしておきます。

昼間はこうした、気づきをメモしたり、本を読んだらポイントをまとめて、そのノウハウをどう生かせるか、記録します。素晴らしい本であれば、線を引いたり、ページの角を折ったりして、夜に内容をまとめなおすと良いでしょう。とにかく、自分の悩みや問題、取り組んでいる課題を解決してくれることを「抜き取り」ます。

ご参考までに、マーケター必読の名著**『ファンダメンタルズ×テクニカルマーケティング』**

（木下勝寿／実業之日本社）の中の「クリエイティブの要素」について、マインドマップにまとめたので、次ページでご紹介しましょう。

なお、操作方法については動画で解説しているので、下のＱＲコードを読み取っていただくか、ＵＲＬ（https://zoroya.co.jp/1-5-times-monthly-income-in-1-month/）からご覧ください。

ちなみにこの本は、特にＷＥＢマーケティングをしている方なら、絶対に読んだ方が良いですよ。

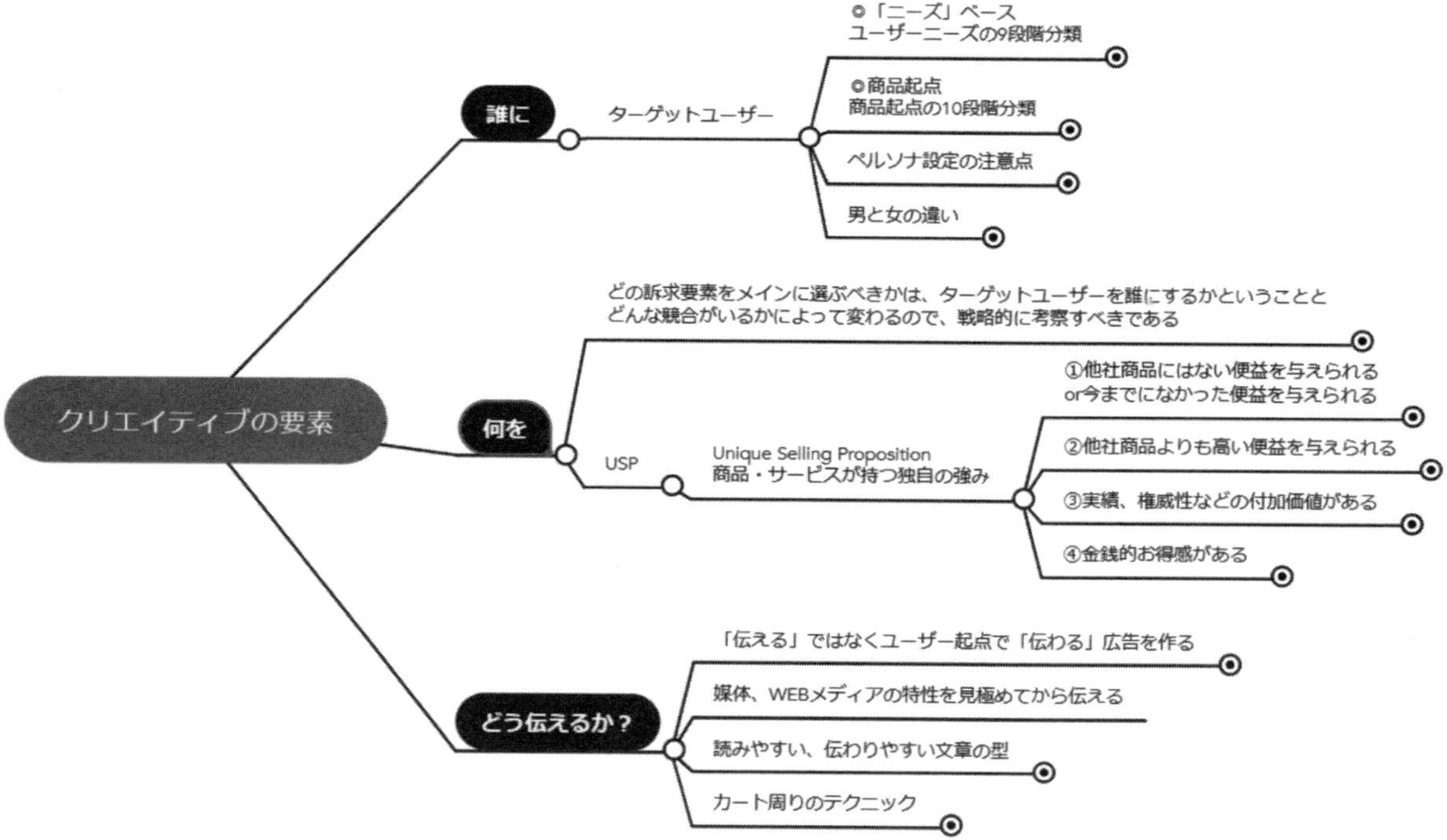

クリエイティブの要素
誰に
ターゲットユーザー
◎「ニーズ」ベース
ユーザーニーズの9段階分類
◎商品起点
商品起点の10段階分類
ペルソナ設定の注意点
男と女の違い
何を
どの訴求要素をメインに選ぶべきかは、ターゲットユーザーを誰にするかということと
どんな競合がいるかによって変わるので、戦略的に考察すべきである
USP
Unique Selling Proposition
商品・サービスが持つ独自の強み
①他社商品にはない便益を与えられる
or今までになかった便益を与えられる
②他社商品よりも高い便益を与えられる
③実績、権威性などの付加価値がある
④金銭的お得感がある
どう伝えるか？
「伝える」ではなくユーザー起点で「伝わる」広告を作る
媒体、WEBメディアの特性を見極めてから伝える
読みやすい、伝わりやすい文章の型
カート周りのテクニック

STEP3：夜に昼間のメモをまとめ直し、書き留め、朝考えた解決策に付け加える

一日を終えて、朝、吐き出したマインドマップに、昼のメモと、整理する過程で得られたアイデアや解決策を付け加えていきます。次ページに、先ほどの朝のマインドマップの事例に、昼間のメモと、解決策へのアイデアを書き足したものを加えてみました。わかりやすくするため、付け足した項目に背景を追加しました。**（※あくまでサンプルです。）**

なお、マインドマップにはたくさんの機能があるので、お好みでアイコンをつけたり、項目と項目を結び付けたり、リンクや画像を貼ったりもできます。それらの機能をすべて使いこなす必要はありませんが、ご自身で使いやすいようにカスタマイズしていくと愛着がわき、継続するモチベーションともなるでしょう。繰り返しますが、大事なのは、ひたすら頭の中身を吐き出して、毎日、整理していくことです。基本的な機能だけで、十分、効果を実感いただけるはずです。

起きして、ステッパー踏みながら読書
インプット＋運動で一石二鳥
体重と食べたものを一週間、エクセル管理
業スキルアップ
本を買う？
候補
売りこまなくても売れる
ジャックワース
質問型営業
青木剛
シリコンバレーの交渉術
オーレンクラフ
レアポ
XDM
FAXリストを事務に渡し、原稿だけ作成する
原稿はメールを作ったあとで短縮する
れてる顧客へメール一斉送信
セールスライティング＋オファー
PASONAの法則を当てはめよう
アップセルできないか
社長に相談し、上位商品を特別価格で提供
する顧客にクロスセルする
OK
で寝よう
ンガーマネジメントを学ぼう
がって
立場は上だが、年下だから下に見てるのか？
めているのか
相手を知る
質問する
なぜ、この仕事を始めたのか？
なぜ、そう思うのか？
共感する
かができないか
雑談で、相手の関心を引き出す

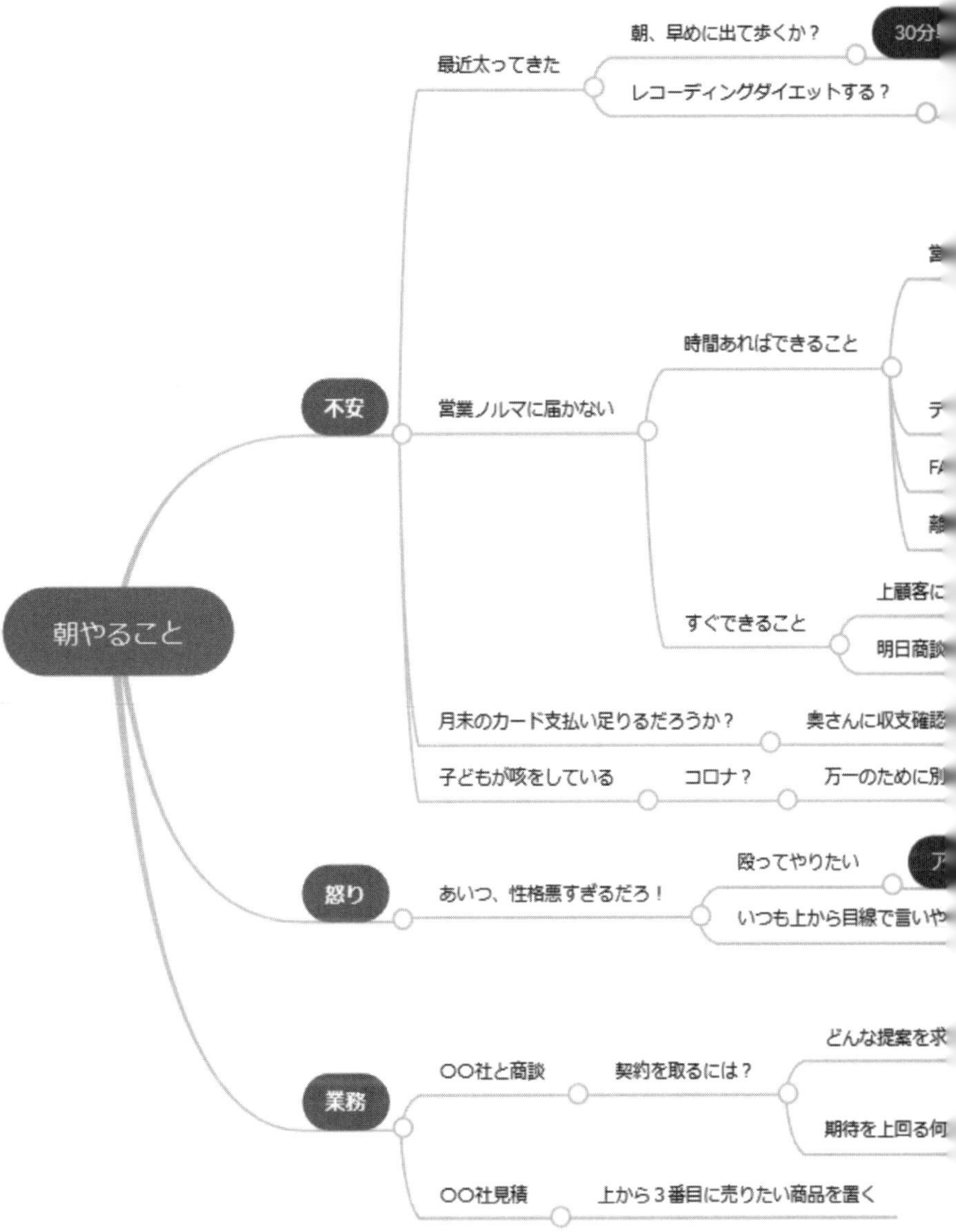
朝やること
不安
最近太ってきた
朝、早めに出て歩くか？
30分
レコーディングダイエットする？
営業ノルマに届かない
時間あればできること
すぐできること
上顧客に
明日商談
月末のカード支払い足りるだろうか？
奥さんに収支確
子どもが咳をしている
コロナ？
万一のために
怒り
あいつ、性格悪すぎるだろ！
殴ってやりたい
いつも上から目線で言いや
業務
○○社と商談
契約を取るには？
どんな提案を求
期待を上回る何
○○社見積
上から３番目に売りたい商品を置く

第3の戦略のまとめ

第3の戦略＝朝晩のアウトプットを仕組化することは、あなたを加速度的に成長させるでしょう。

お気づきの方もおられると思いますが、**第1の戦略（時間に投資する）**、**第2の戦略（データ化する）**、**第3の戦略（仕組化する）というのはすべて連鎖**しています。基本的には、順番に行わないと、第3の戦略は効果を最大限に発揮しません。繰り返しになりますが、もっともパワフルで、圧倒的成果を生むのは第3の戦略なのですが、基礎がないと継続すること自体が難しいですし、効果も薄くなってしまうのです。

3つの戦略を、次ページに図にしてまとめましたのでご参考ください。

十年前の僕がそうであったように、やみくもに頑張っても成果は上がりません。

成功するために必要な3つの戦略を継続すれば、あなたの望む未来は確実に近づいてきます。

しかしその過程では、**あなたの人間力や、生きる底力のようなものが試される**でしょう。

さて、この本も終わりに近づいてきました。最後に、あなたに知ってほしいのは、複利の力です。**3つの戦略がなぜ機能するのか、それは「複利の力」を活用しているからに他なりません。**僕は、いわゆる成功者に共通するのは、〝複利の力〟を意識的にせよ、無意識にせよ、人生に取り入れてるからではないか？　と仮説を立てています。

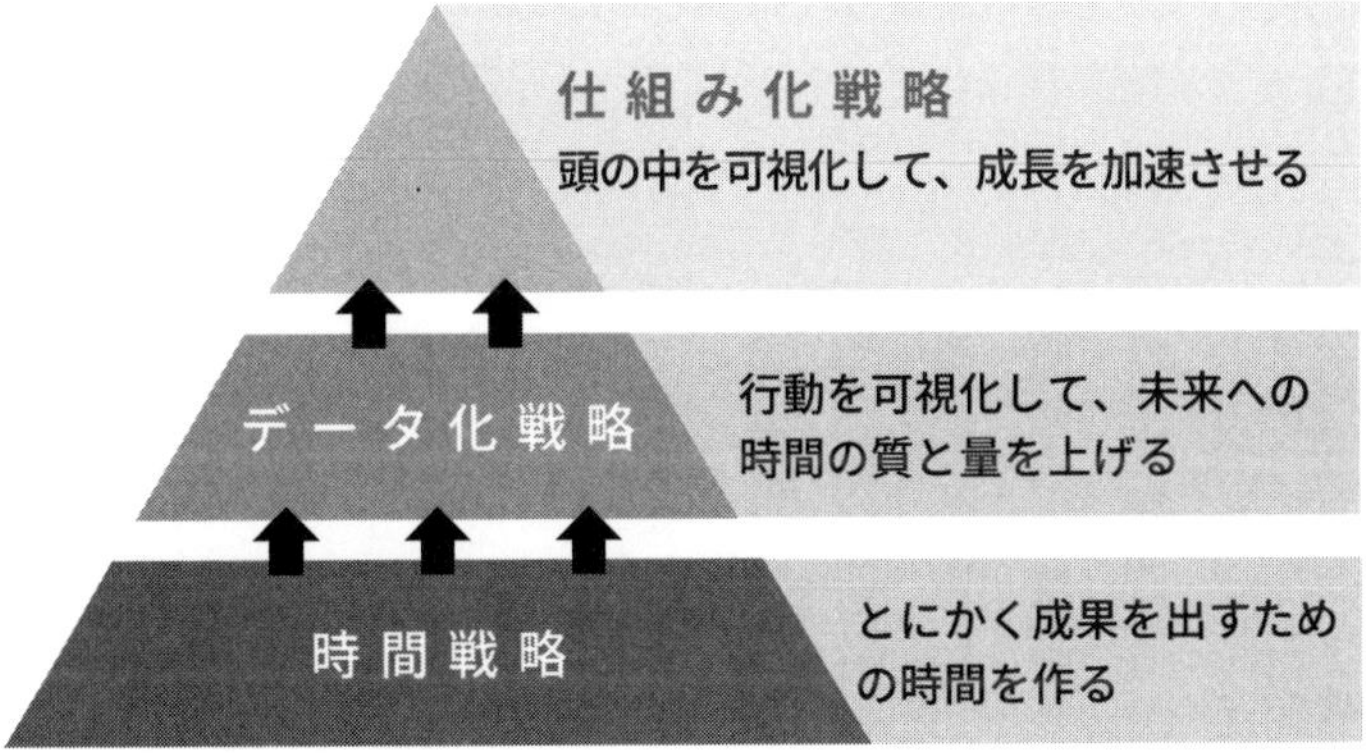
仕組み化戦略
頭の中を可視化して、成長を加速させる
データ化戦略
行動を可視化して、未来への時間の質と量を上げる
時間戦略
とにかく成果を出すための時間を作る

人生は〝複利〟で成功もすれば、失敗もする

3つの戦略を実践してから、僕の収入も、人生も、資産も、人間関係も明らかに向上しました。

ただ、これまでお伝えしてきたように、この3つの戦略は手探りの中で、先人たちの知恵を借りながら、作り上げてきたものです。僕にとっての転換点は2017年1月でしたが、最初から理解して実践してきたわけではありません。結果的に借金500万から年収1千万まで4年かかりましたが、ここまで読んですべての戦略を理解したあなたなら半分以下の時間でたどりつけるでしょう。

その理由を、今なら数学的根拠をもって、ご説明できます。結論から言えば、収入も、人生

も、人間関係も《複利》で向上していくものだからです。

成功する人と、失敗する人の決定的な違い

複利とは、積み立て投資など資産運用をされている方はご存じかと思いますが、元本が100万円で年利5％で運用するとすれば1年後に105万円となり、その105万円をまた5％で運用すると、翌年は110・2万円。十年後は162・8万円になります。このように、**元本＋利回りで得た収益を運用して得られる利益が「複利」**です。

「複利」に対して「単利」という仕組みがありますが、これは元本に対して年利5％であれば、毎年5万円ずつ受け取っていくイメージで、十年で得られる利益は100万円であれば50万円となります。「複利」で運用すれば62・8万円の利益なので、12・8万円の差が開きます。

「複利」のスゴイ特徴は、時間を味方にできること。100万円の年利5％であれば、単利との差は十年で12・8万円ですが、20年ではなんと65・3万円も差が開きます。30年後にはどうなると思いますか？　なんと、182・1万円も差が出るのです。さらに「単利の力」さえ利用

せず、いわば貯金ゼロで目の前の資産を使い切ってしまったらどうでしょう？　……おそろしいことに、30年で332・1万円の差が開きます。僕はこれが、成功する人と失敗する人（＝十年前の僕）の違いだと悟りました。

図にすると下の図のようになります。

頑張っても頑張っても**成果が出ないのは、資産を使い切ってしまったり、せいぜい「単利」にしか目がいかないから**です。スタート地点は同じでも、時間が経つと圧倒的な差ができてしまう。言い換えると「今」しか考えてない、あるいは考えられなければ、うまくいくはずがありません。僕は以前、第2章でお話しした社長に言われました。

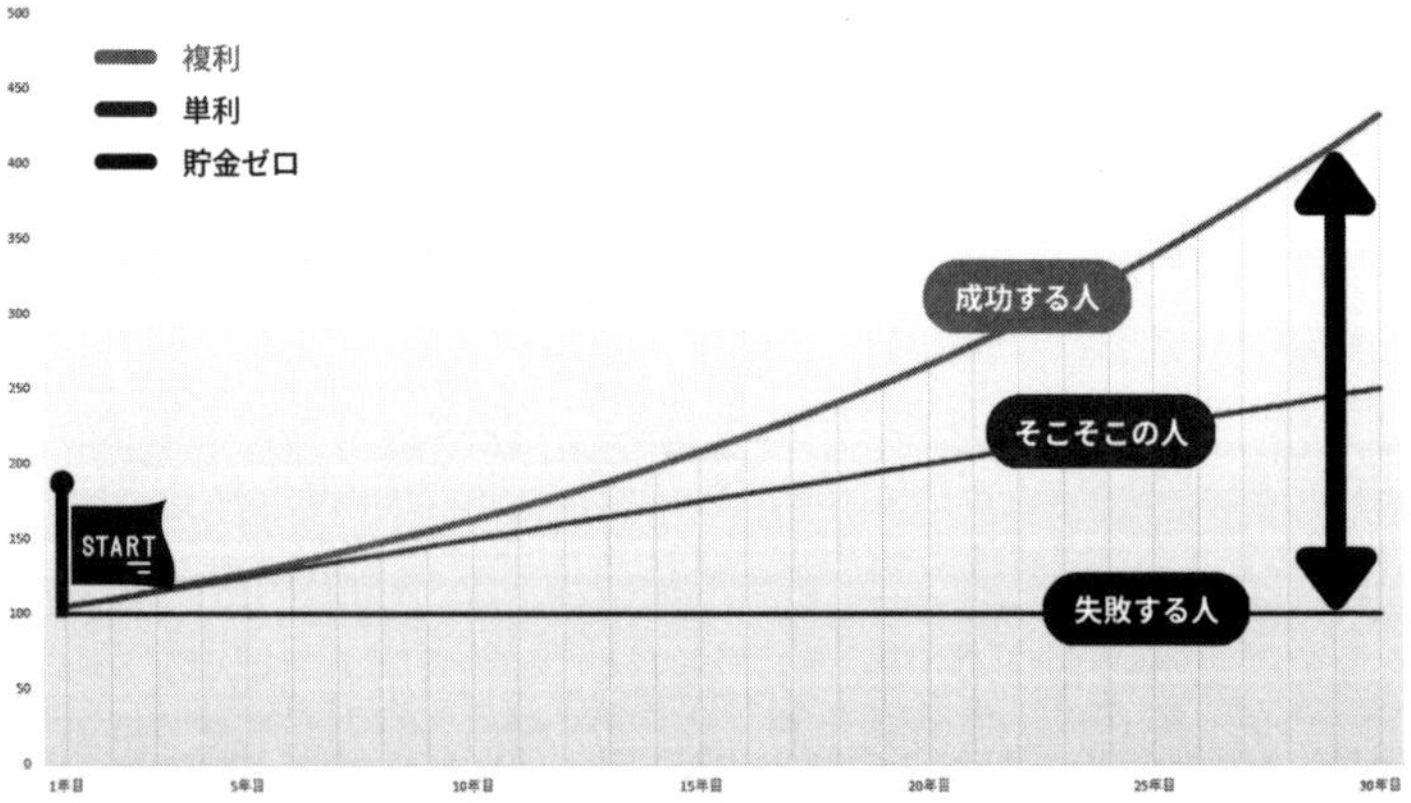

今しか見ていない。未来を見ていない。だから成長しない。

それは、真実でした。

『マシュマロ・テスト』をご存じでしょうか？　スタンフォード大学で行われた有名な実験です。

４歳の子どもの前に、マシュマロをひとつだけ、皿に置きます。実験者は、マシュマロはあげるけど、15分間食べるのを我慢したら、もうひとつあげると言う。そうしてマシュマロを15分待てずに食べてしまったグループと、我慢できたグループを何年にも渡って追跡して社会的な成功度合いを調べる実験です。結果は、両グループに明らかな差が出ました。お察しの通り、我慢できたグループがその後の追跡調査で相対的に優秀と評価されたんですね。これは経済的背景や家庭環境も左右するようで、むしろその影響が強いとする考えもあるのですが、ここでお伝えしたいのは**「今」しか考えられないと、将来享受できる恩恵を受け取れない可能性が高くなる**ということ。

十年前の僕は間違いなく、マシュマロを我慢できず食べちゃったグループでした。でも、今は違います。我慢できた子どもたちは、マシュマロを見ないように目をふさいだり、壁の一点に視線を集中したり、上を向いて違うことを考えたり、工夫したそうです。同じように、僕には将来享受できる恩恵を受け取るための、戦略があります。

もうおわかりですよね。そう、3つの戦略です。**使える時間のボリュームを上げて（第1の戦略）、データ化することで今ではなく未来への時間に集中し（第2の戦略）、朝と晩にアウトプットを仕組化する（第3の戦略）ことで、年利を最大化する人生の複利運用を可能にしたん**です。

人生を豊かにする4つの資産

では、どんなことに重点をおいて運用していけば良いのか？　ということをお伝えします。資産運用でいえば、元本にあたります。複利で育てていくべき、資産ですね。

僕は、人生を豊かにしてくれる4つの資産を下記のように分類しています。

1. お金
2. 健康
3. ナレッジ&スキル
4. 人間関係

この4つの資産を〝複利の力〟でいかに最大化するかを日常の作業レベルに落とし込んでいくことが、3つの戦略のポイントです。ご参考までに、どのように僕が運用して、最大化しようとしているか、ご紹介しますね。

1. お金

3つの戦略を実践していくとわかりますが、明らかに無駄遣いが減ります。

データ化して、無駄な時間をあぶりだし、余計な人付き合いや、エンタメをやめていくだけでも節約できますし、後ほど詳しく述べますが、自分の健康資産を高めようとすれば、アルコールなどの嗜好品や外食の頻度も減ります。さらに僕の場合は一日の運動量が多くないので、1日1食でエネルギーの摂取量は十分ですし、食べ過ぎた翌日などは丸一日、水だけという日もあります。いわゆるチートデイ（なにを食べても良い日）みたいな日を作ってはいますが、わざわざお金を払ってジャンクフードや甘いものや高カロリーの炭水化物など**「健康資産を縮めるもの」**を買うような無駄遣いはかなり少なくなりました。

何より、頭の中をアウトプットすることで、プライベートでも起こりうるリスクに自然と対応していくようになったんです。借金を完済したのはほんの2年ほど前ですから、その時は当然、貯金ゼロでした。今だから言えますが恥ずかしながら30代後半で家族もいて、貯金ゼロだなんて、人生破綻しているといわれても仕方ないレベルです。

そこで僕は資産を複利で最大化するために勉強して、独自の分散投資をするにいたりました。投資には、株式、リート、債券、不動産、金などのコモディティ、色々ありますが、僕は毎月一定額を積み立てて、なおかつ運用益で再投資していく積み立て投資を中心として、リート、債券、コモディティ（金）と運用しています。

理由は、30年という長期でみると平均の年利が5〜7％で運用できることがわかったからです。100％確実な投資というのは、ないかもしれませんが、複利のところでお伝えしたように、たとえ5％であっても、元本が１００万円だと、30年で４３２・１万円になります。これを毎月、一定額積み立てしながら運用すれば30年後には無理に働かないでも複利だけで生活できる計算が立ちました。

銀行に預けていてもコンマ数パーセントの金利ですが、このような分散投資なら5〜7％の複利運用を期待できるのでそうしています。なお、投資に関しては専門ではなく、リスクがないわけではないので、必ずしもこの運用方法で安全というわけではありません。資産運用をされる際は、あくまでも自己責任でお願いします。

大事なことは、**将来に必要なお金を計算したり、いまではなく将来のために日々の生活の中で少しくらい我慢してでも、資産を作っていくこと**です。できれば、その中で最大化できるよう勉強をして、運用していくと良いでしょう。

2. 健康

３つの戦略を仕組み化するまで、僕は身体に悪い習慣をいくつか持っていました。中でも、毎日のアルコールと、ストレスがたまったときのお菓子の暴食は筆頭に上がります。第２の戦略で、行動をデータ化してわかったのですが、ワインを飲みすぎた次の日は、仕事のパフォーマンスが著しく落ちることに気づきました。午前中はだるく、昼間は眠気が襲います。頭もさえません。また、朝から甘い菓子パンを食べ続けていると、体調を崩しやすくなることもわかりました。以前はメロンパンが大好きで、毎朝食べていたんです。

そんな折、Ｙｏｕｔｕｂｅで1日1食にすると、胃腸を休め、老廃物を吐き出すオートファジー状態を作れるので、身体によく、適正体重を作れると知りました。実験してみたところ、これが自分の身体に合っていたようで、仕事のパフォーマンスが上がり、12時間ぶっ続けで立ち仕事してもほとんど疲れません。さらに、ややオーバー気味であった体重を少しずつ落とすことができました。そこから発展させて、丸1日何も食べない日を作ったり、いろいろと実験してみると、僕の場合は週に1～2回、食べない日を作った方が、明らかに生産性を上げることがわかったんです。

なぜ、仕事のパフォーマンスが上がったのかわかるのか？　というと、15分単位で自分の行動をデータ化しているからです。さらに、マインドマップ上で、仮説を立ててテストして、結果を検証して、改善するＰＤＣＡを回すと、健康状態は良くなり、生産性は上がって、ますます結果の出ることや未来への時間に投資できるようになりました。

今、人の寿命は、どんどん伸びています。それは良いことですが、いずれ**「死ねない地獄」**という現実が来るかもしれません。厚生労働省のホームページを見ると、平均寿命と健康寿命のグラフが出てきます。（※健康寿命とは「健康上の問題で日常生活が制限されることなく生活できる期間」（厚生労働省）のこと。）それによると、２０１９年度の統計で、男性は平均寿命が81・41歳で健康寿命が72・68歳。女性は平均寿命が87・45歳で健康寿命が75・38歳。

およそ最後の十年近くは、身体が不自由な状態で生きなければいけないのが現実に起こっていることです。それを知って、僕はできる限り、健康寿命を延ばして、死ぬギリギリまで自分の足で歩き、子ども達に迷惑をかけることなくぽっくり逝きたいと思いました。そのためには生活習慣病など、病気にならないために、普段の食事だけでなく、運動、睡眠が極めて重要です。

今は仕事柄、一歩も外に出ない日があるので、1日1時間30分くらいエクササイズの時間を設けています。さらに、**1日8時間以上座っている人は3時間未満の人と比べて、死亡リスクが1・2倍になるという研究結果**も出ていると知り、多少の運動ではもはや効果がないというので、立って仕事をするようにしました。高さの調整できるスタンディングデスクというパソコン台を購入して、1日平均8時間～10時間、立って仕事をしています。その方が、眠くなりにくく、頭も冴えているような気がします。

忙しいとおろそかになりがちですが、動けなくなっては本末転倒。健康資産への投資は、すればするほど長期的に活動でき、その質を高めてくれるので、あなたもぜひ、自分に合ったやり方を見つけてください。

3. ナレッジ&スキル

ナレッジとは、**付加価値の高い知識、収益の上がる情報**のこと。スキルは、より具体的にいうと**顧客の悩みを解決する技術や能力**だと定義しています。この2つの資産は、生涯年収と人生を大きく左右するので、正確に把握することが欠かせません。3つの戦略では、ナレッジ&スキル資産に対して、いかに自分の時間と労力を適切に注ぎ込むかを解説してきたといっても良いくらいです。

「緊急ではないけど、将来のために重要なこと」というのがあります。『7つの習慣』(スティーブン・R・コビー著)などで有名なので、ご存じの方も多いでしょう。4象限の図で示されることが多い、あの図です(次ページ参照)。

緊急性 高
重要度 低
重要度 高
緊急性 低

僕たちはついつい**「緊急性が高く、重要度も高いこと」**に目が向かいます。これは場合によっては「今」やらなければならないので、仕方のないことです。「単利」か「複利」でいえば「単利」ですね。問題はその次にどうするか。十年前の僕は「緊急性は高いけど、重要度は低い」領域に時間と労力をかけてしまいました。ここは、資産運用でいうと、多くの場合「単利」でさえありません。貯金せずに使い切ってしまうようなものです。あるいは金利が極めて低いので、どれだけ時間を費やしても資産は増えていきません。運用上はできるだけ避けて通るべきところです。とにかく可能な限り短時間で終わらせるとか、誰かに任せてしまうとか、外注するとか、一刻も早く脱しなくてはなりません。

最も投資すべきは**「重要度は高いのに緊急性は低い」**領域。

ＷＥＢ制作に例えれば「緊急性も重要度も高い」のが実際のホームページ制作、「緊急性は高いが重要度は低い」のがメール返信や事務処理、伝票のチェック。「重要度は高いが緊急性は高くない」のが、デザインやプログラミングを学んだり、売れているランディングページの研究、またはクライアントとの人間関係構築、スタッフの人材育成などにあたるでしょう。

今すぐに必要なスキルや知識でなくても、**目標にプラスになる学習や経験は、すべて「重要度は高いが緊急性は高くない」領域**です。将来、もっと収入を上げるための勉強だったり、目

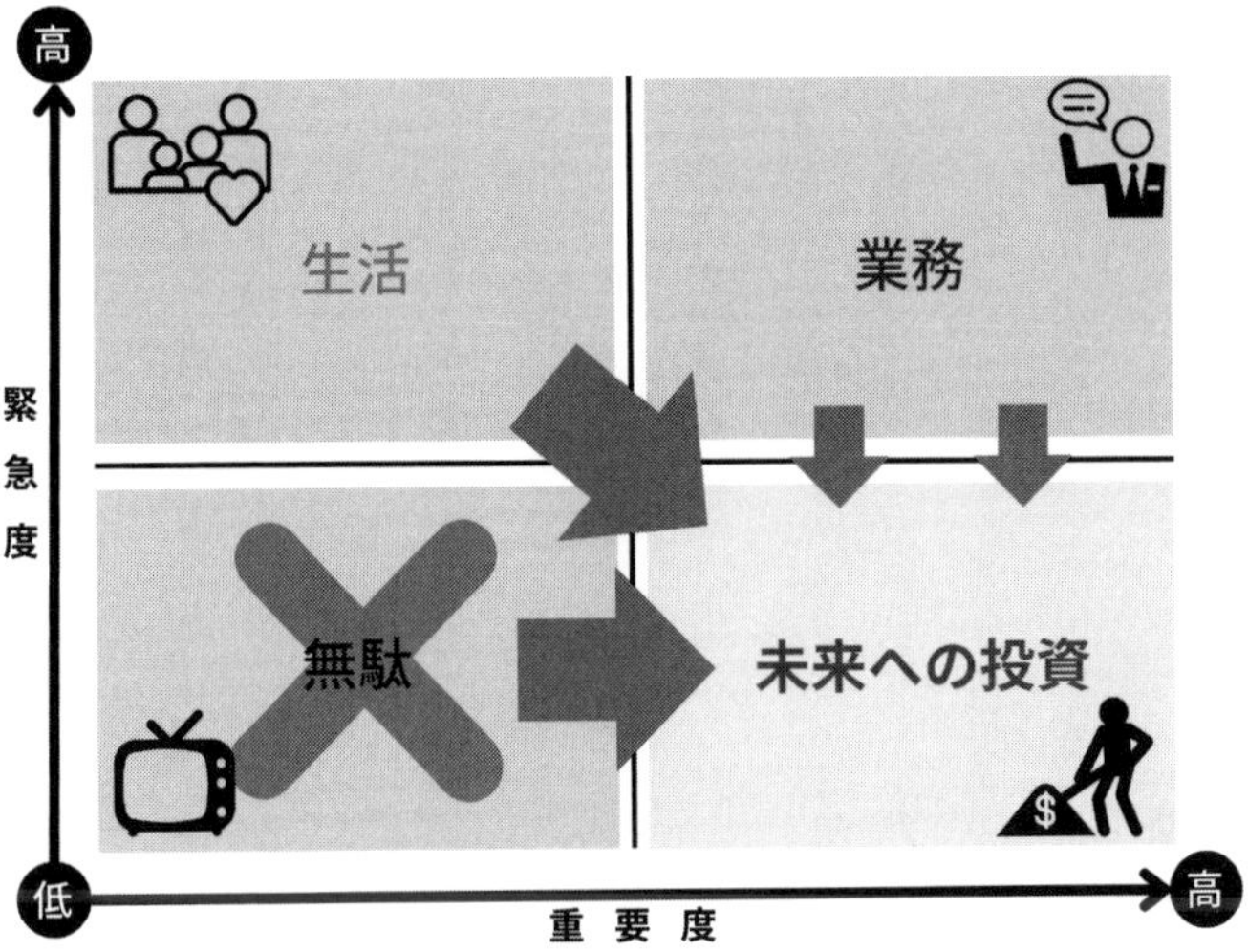

の前の仕事をより効率よく、早く終わらせるためのスキル獲得だったり。時には、お金を出して、人から教えてもらうこともこの領域に該当します。

お気づきの方もおられると思いますが、これは第2の戦略でお伝えしたデータ化戦略と同じ構図です。

付加価値の高い知識、収益の上がる情報（＝ナレッジ）の学習と、**顧客の悩みを解決する技術や能力**（＝スキル）の習得に時間を集中させていく。こういうことを、理詰めで意識的にやっている人は多くありません。だからこそ、勝てる確率が高くなります。

4. 人間関係

最後は、人間関係の資産です。第2の戦略「データ化戦略」の章でもお伝えしましたが、人間関係だけは、効率化してはいけません。人生は、一人で黙々と生きていてもおもしろくない。互いを思い合える家族の存在や、人生を豊かにしてくれる仲間、友だち、先生と、人生の機微や、哲学など、深く話し合える関係というのは何物にも代えがたいものです。

人間関係の資産を最大化するために僕が実践していることは、2つあります。

ひとつは逆説的ですが、**最悪の結果から対策を組み立てること**です。たとえば、あなたなら職場の人間関係における最悪のケースをどのように考えるでしょうか？　僕自身の経験をお話しすると「怨恨」だと結論づけました。中小企業にとっては特に、身内で足の引っ張る仲間がいると顧客に迷惑をかけますし、収益に影響します。僕自身、あまりにも非生産的な、無駄な体力を消耗した経験が多々ありました。議論で打ち負かしでもすると、相手は虎視眈々と僕がミスするのを待っていて、ちょっと間違いでもしようものなら、ここぞとばかりに攻撃してくることがあったのです。本来は、顧客の悩みや問題を解決して、喜んでもらうために力を合わせるべきチームです。でも現実は、そうしたことで苦労している会社が少なくないと見受けられます。人の「怨恨」ほど怖いものはありません。

では、それを避けるためには「どんな手を打っておくべきだろう？」と考えます。恨みを買わないためには、少なくとも、敵視されないようにしなくてはなりません。敵視されないためには、相手の懐に入ってしまうか、弱みを握るか。相手がミスした時に率先してカバーして助けてあげようか。なるべく困ったふりをして相談を持ち掛けて、攻撃されにくいポジションを目指そうか。……などなど、具体的に何をするか、ひたすらマインドマップに書き出していきます。その中で、もっとも有効な一手をテストして、検証して、改善して、を繰り返していくのです。これが適切にできれば、100%、現状よりよくなるはずです。

もうひとつは、些細なことでもトラブルがあればなぜそうなったのか？　次はどうすれば同じことが起きないか？　**原因と改善策をマインドマップにまとめて**います。同僚と言い争いになり、つい感情的になってしまったとしましょう。落ち着いたころ、なぜ言い合いになったのか？　原因を書き出します。こちらの言い方が悪かったのか。相手のどこに腹を立てたのか。自分は正しいと思っていたことは本当に正しいのか。相手の主張を受け入れるとすれば、どこまでできるのか。冷静になれないときは、自分の感情も含めて書き出します。「こっちが黙ってればいい気になりやがって！」とか（笑）

マインドマップの活用法のところでお伝えしたように、そうやって頭の中にあることを吐き出し、言葉にすると、極めて客観的になれます。解決策や改善策が、どんどん出てくるようになります。僕は多くの場合、諍《いさか》いを起こすくらいなら、**自分に非がなくてもリスクがないなら全力で謝ってしまいます。**はたから見るとダサいかもしれません。十年前の僕だったらメンツやプライドを気にして、謝れなかったでしょう。

でも、人と争うための時間とエネルギーは、膨大です。非生産的であるだけでなく、勝ったところで、遺恨を残せば、夜も眠れないくらいに後を引くこともあります。だったら、ダサくてもいい。相手に気持ち良くなってもらえば、相手から感謝されます。こちらも無駄に疲れることなく、もっと建設的な未来に投資できます。その方が、最終的に勝てるんですね。

3つの戦略をまとめてから、大事にしたい人間関係をプライベート、仕事含めほぼすべてを、このように管理するようになりました。その結果、劇的に人間関係のトラブルは減りましたし、対人ストレスも今ではほぼありません。

【要注意】〝複利〟はマイナスにも働く!

最後にひとつだけ、すこし恐ろしい話をしなくてはいけません。成功する人と失敗する人の決定的な違いは、複利の力を活用しているかどうか、ということをお伝えしました。しかし、複利というのはマイナスにも作用します。代表的なのは、借金でしょう。

僕は10年以上、借金を抱えていました。借金は〝お金〟の資産に対し、マイナスの複利の力が働きます。それだけではありません。マイナスの複利の力がおそろしいのは、そこに**狡猾な悪魔**が潜んでいるからなんです。怠けるのが大好きな脳は、プラスに転換することを好みません。ほんの少しの努力さえも「なんで、そんな面倒なことをするんだ?」と悪魔がささやくようになります。「明日からがんばればいい。今、やっても何も変わらない。」

はじめは10万円の借金でもビビっていたのに、1年も繰り返していると借金することに慣れてしまって、50万円くらい大丈夫、70万円くらい。借りた分だけ、稼げばいいんだから……。とどんどん気が大きくなっていってしまうのです。信じられませんか?

ダイエットに挑戦したことのある方なら、何となくわかってもらえるかもしれません。「今日くらいいいよね、ダイエットは明日からにしようっと!」……なんて決断をしたときは、よく耳を澄ましてみてください。そう決断する前に、聞こえていたはずです。「一日くらいサボったって大丈夫だよ」

悪魔が潜んでいるのは、借金やダイエットだけではありません。僕自身も経験がありますが、スキル習得のために勉強した方が良いことがわかっていても、好きなＹｏｕｔｕｂｅチャンネルやアマゾンプライムを見続けてしまうことがあります。「今日は疲れたし、今度の休みに頑張ればいいよ」そんな悪魔のささやきに耳を貸すと、マイナスの複利のスイッチが押され、それは少しずつ、良くない方へと逆回転しまうのです。

悪魔の正体は、何だと思いますか?

僕が出した結論は、本能。誤解を恐れず言えば、**目標に対してマイナスの行動はすべて、本能**です。夜も眠れないほど夢中になってしまう漫画や映画、ドラマ、極上のワイン、ＳＮＳやＹｏｕｔｕｂｅ。本気で目標達成するなら、一定期間、こうした本能を断つことも場合によっては必要でしょう。悪魔のささやきに耳を貸してしまい、時間と労力、そしてお金を費やしてしまえば、当然のことながら、４つの資産を増大させることはできません。

僕は多いときで、年間50万円以上の利息を支払わなければなりませんでした。仮に、その50

万円を年利5％の複利で毎年積み立てて運用できたとしましょう。月間4・1万円という金額です。すると、十年後にはいくらになると思いますか？　答えは、約632・7万円。一方、毎年50万円の利息を十年支払い続けていれば、マイナス500万円です。

月4・1万円、1日に換算すれば約1370円のプラスか、マイナスか、というだけで十年後には約1132・7万円もの差が開きます（下の図参照）。いかに**目標に対してマイナスの行動となる本能**を管理するか、が極めて重要であることがお分かりいただけたでしょうか。

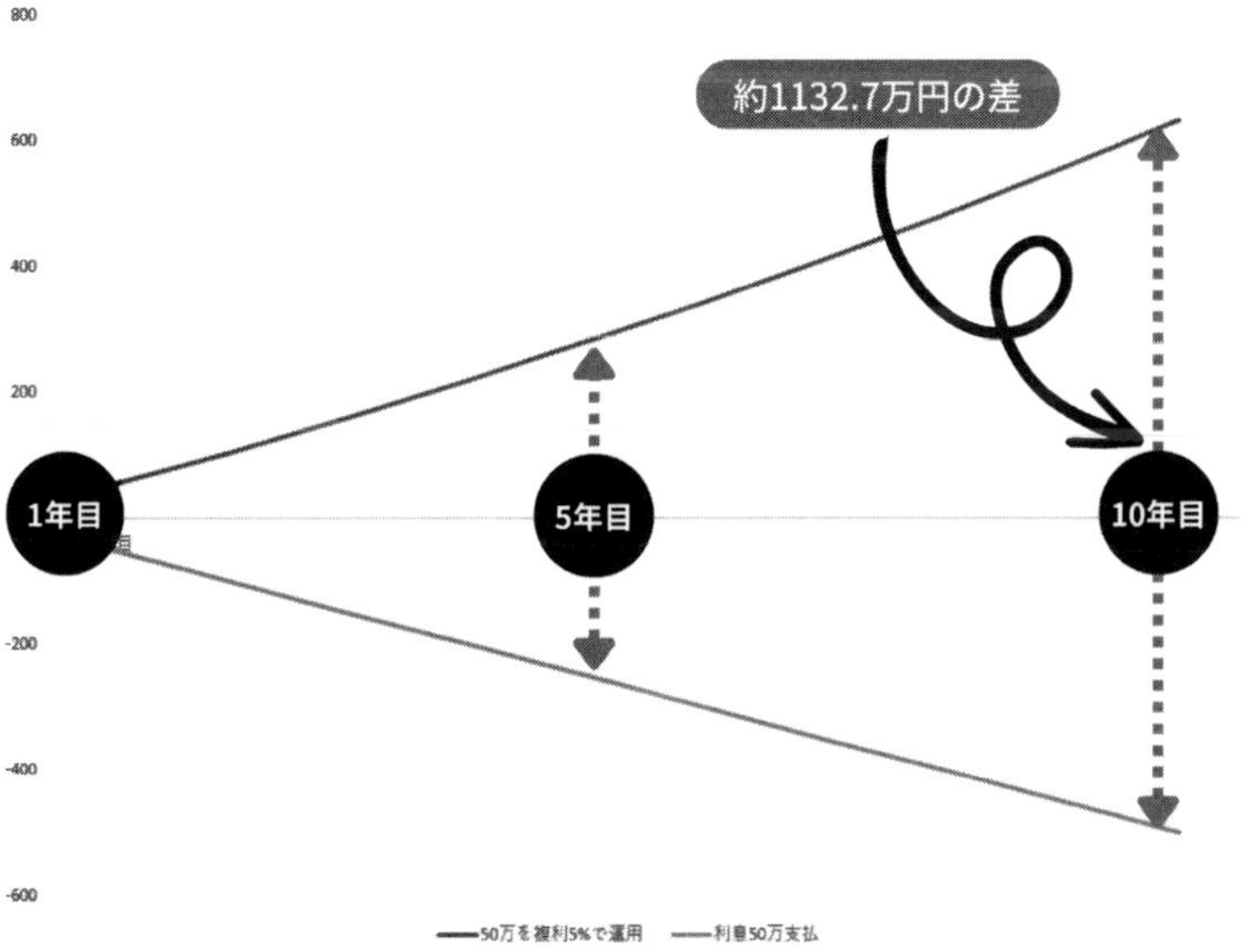

まとめ　凡人以下の僕が勝つための3つの戦略

ここまでお伝えしてきた3つの戦略は、借金500万円から年収1千万到達までに実際に僕が行ってきたことです。そして今もなお、継続している戦略でもあります。

ただ、時系列でいえば、同時並行ではありません。また、ずいぶんと回り道をしたので、年収1千万まで到達するのに時間がかかってしまいました。

決して、派手さはなく、むしろ地味ですし、大逆転ストーリーでも、億を稼ぐノウハウでもありません。ですが、そうした突き抜けた成功ではなく年収1千万程度のプチ成功なら、ここでお伝えしたことは十分に再現性の高い戦略になるはずです。期待を込めていえば、僕自身がこの3つの戦略をベースにさらに成長を加速させていることを考えると、億を目指せるかもしれません。

実際に僕は今、２０２５年10月までに純金融資産1億以上を目指していて、その道筋が少しずつ見えてきています。

世界的なプロダンサーから教わった人生訓

ビジネスパートナーとして一緒にお仕事をさせていただいた、世界的なプロダンサー黄帝心仙人（こうていせんにん）さんの言葉で感動した名言があります。

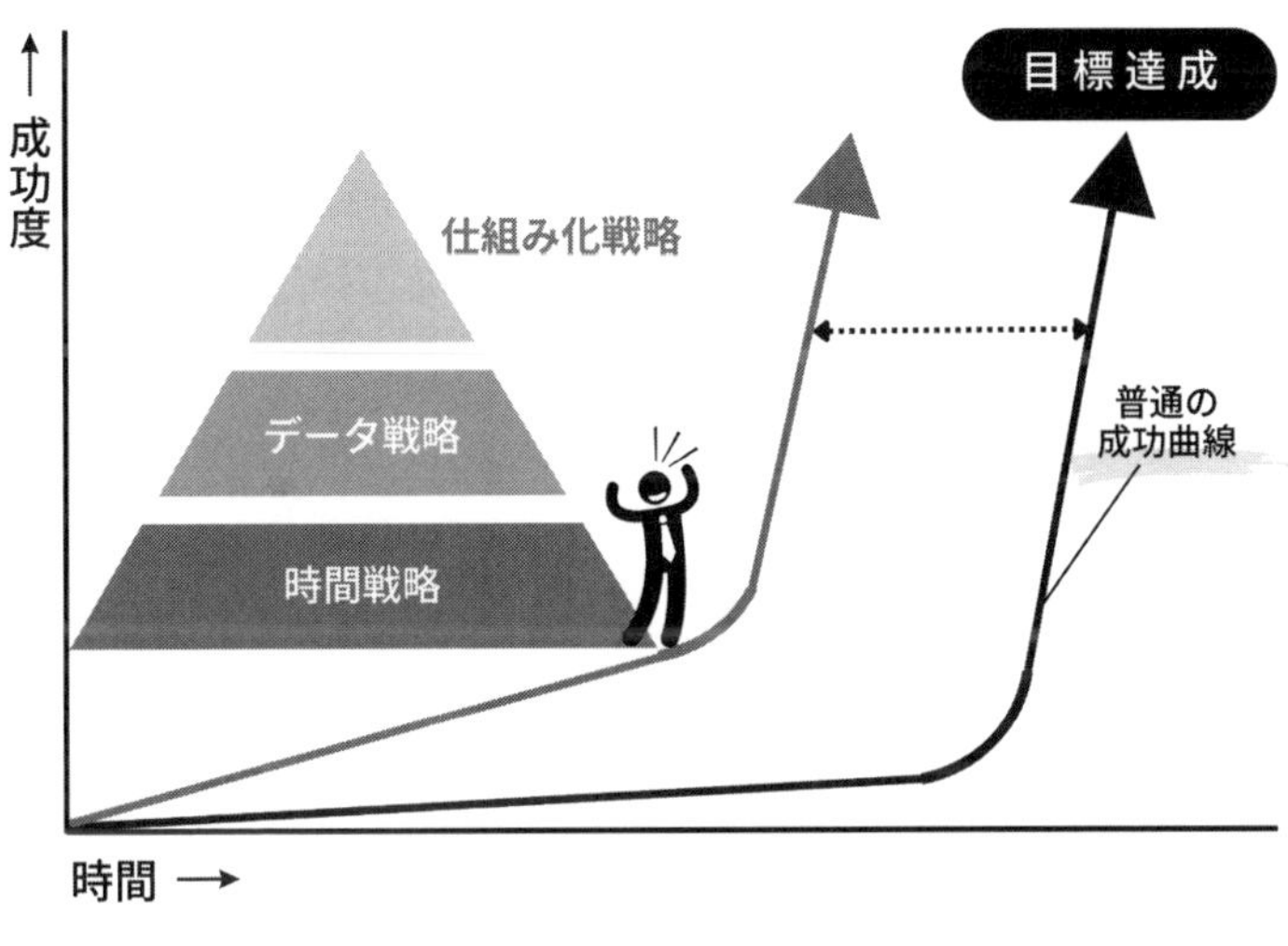

黄帝心仙人《こうていせんにん》 ダンサー、振付師、ミュージシャン

日本のアーティスト、ダンサー、振付師、ダンス講師、ダンススクール主催者。UNIQLOの広告「ユニクロック（UNIQLOCK）」に参加しており（参加パートは自身で振付、出演を行っている）、ユニクロックは2008年カンヌ国際広告祭大賞グランプリをはじめ世界の広告賞23賞を受賞している。吉本興業にも所属している。日清カップヌードルのCM「ニンニク豚骨」の振付を担当し、一躍、有名に。

誰でもできることを、誰もマネできないくらいやれる人間は、必ず成功する

黄帝心仙人

仙人さんの率いるダンスパフォーマンスチーム「タイムマシーン」は、ジョージ・ルーカスが世界で初めてスター・ウォーズ公認のダンスパフォーマンスとして認めるなど世界的な活躍をされています。仙人さんはもともとプロサッカー選手を目指していたそうですが、足首のケガで断念せざるを得なくなり、その後、出会ったダンスでプロを目指すもケガの影響で足を激しく動かせませんでした。しかしそれを逆手にとって、上半身の各

部分を単独で動かすトレーニング「アイソレーション」を極めることで世界的なプロダンサーに上り詰めた人です。

ぜひ仙人さんのパフォーマンスを見てみてください。目が釘付けになりますよ。（下のＱＲコードを読み取っていただくと、Ｙｏｕｔｕｂｅが開きます。）


仙人さんの名言と、人生の勝ち方は、この本で伝えたいことの本質を言い表しています。

マーケティングでもそうですが、結果を出すには、多くの**人が嫌がってやりたがらない「めんどくさいこと」を徹底できる**と、結果が出やすいのを経験から知っています。凡人以下の僕がある程度、認められるにはここでお伝えしてきた、泥臭くてカッコ悪いことを、愚直にやらなければ、今の自分はありませんでした。断言できます。

ちなみに、自慢するつもりは毛頭ありませんが、現在も加速度的に収入は増え続け、クライアント様からも感謝され、評価され続けております。仙人さんをはじめ、たくさんの刺激を頂けるクライアント様にも恵まれました。有難いことに、お仕事のご依頼も途絶えることがありません。

それもこれも、２０１７年を契機に３つの戦略を実行してきたからです。自分自身がやってきたことだからこそ、自信をもって、お伝えできます。もっとラクに、簡単に、成功できる方法はあるかもしれません。ですが、**長期的に勝ち続けることを考えると、こうした「めんどくさいこと」の継続の上にしか、凡人以下の僕が勝てる方法はない**と考えています。

あなたにとって、3つの戦略がお役に立てれば、これ以上うれしいことはございません。

あとがき

ここまでお読みくださり、本当にありがとうございます。

ところどころ、上から目線で、失礼な表現があったかもしれません。お気を悪くさせていたら、申し訳ありません。

僕はほんの6年前まで**「小学生か！」「お前は成功できない！」「失敗するヤツの思考だ！」**と散々、言われてきました。今では、そうやって言ってくれたことに感謝しかありませんが、当時は腹わたが煮えくり返る思いもしましたし、あまりの情けなさに落ち込んだ時期もあります。

ですから、ここまで読んでくださったあなたより、特別に優れていることは決してないと思います。自分を蔑むような表現をしていますが、誇張ではなく、事実に基づいています。それでも、周囲から「なんか、うまくいってるな……」と思われているらしいのは、この本でまとめた【3つの戦略】を今も実践していて、なお、成長を続けているからでしょう。それだけパワフルな戦略ですから、あなたにもぜひ実践いただきたいと思います。

最後になりましたが、簡単に僕の経歴をご紹介しますね。

内田 正彦　勝てるホームページ作成会社ぞろ屋 代表

東京都出身、大阪芸術大学文芸学科卒。
デザイナーやプログラマーでは実現できないマーケターならではの戦略的WEB制作が得意中の得意。会社員時代は、関西の高級イタリア料理店で、バーテンダー、ソムリエ、料理人、店長職など現場から経営まで幅広い経験を積み、その後、セールス、マーケティング部門で実績を重ねる。ココナラWebサイト制作ランキングで数十回1位獲得。ふるさと納税サイトのLP制作では34万件中最高7位獲得。makuake企画販売で約2万点中1位、達成率10,000%超のLP制作など実績多数。

本音をいえば、こうして顔出しをして、ご挨拶するのは得意ではありません。できれば、こっそり成功したいと、今この瞬間も、考えています。

ただ、当社（ぞろ屋合同会社）の経営理念は、

必要としている人に必要な価値を正しく届けるマーケティングで日本を強くする

こと。

幕末騒乱期のような激動の時代に、日本を強くするには個々が強くなり「マーケティング」という刀を手にするべきだと思っています。現在の日本の生産年齢人口は約7千万人。この先、これがどんどん減っていく社会ですから、強くするには生産性を上げていく必要があります。

仮に、5%の人が3倍の生産性を上げることができたらどうなると思いますか?

全体としては10%の成長率を実現できるんです。マーケティングなら、それが可能です。事実、僕は、クライアント様の売上を3倍以上にしたこともありますし、自身の収入は3倍どころではありません。少しでも貢献できるなら、自分にとって恥ずべきことでも、こっそりとしまっておくべき「知恵」ではないと思いました。

謝辞

ここまで読んでくださったあなたのお気持ちに、深く感謝しております。また、仔細は伏せますが、常に愛情深く厳しく育ててくださった会社員時代の社長。恩は忘れません。それから、いつも成長を加速させてくれる新経営戦略塾の小島幹登社長。小島社長の教えなしに、ここまで来ることはできませんでした。そして、長い借金苦の中でも文句を言わず支えてくれた妻と、子ども達。親不孝であった僕のことをたえず気にかけてくれた両親、恩を十分に返しきれなかった祖父母に、この場を借りて感謝します。

ありがとうございました。

参考図書一覧

※本作中で触れた著書について、敬意を込めてご紹介します。いずれも素晴らしい著書なので、ご参考ください。

・『非常識な成功法則』（フォレスト出版）神田昌典氏
・『小さな会社★儲けのルール』（フォレスト出版）栢野克己氏・竹田陽一氏
・『思考は現実化する』（きこ書房）ナポレオン・ヒル氏・訳：田中孝顕氏
・『「成功曲線」を描こう　～夢をかなえる仕事のヒント～』（大和書房）石原明氏
・『夢をつかむイチロー262のメッセージ』（ぴあ）イチロー氏
・『ファンダメンタルズ×テクニカルマーケティング　～WEBマーケティングの成果を最大化する83の方法～』（実業之日本社）木下勝寿氏
・『7つの習慣』（キングベアー出版）スティーブン・R・コヴィー氏・訳：川西茂氏
・『究極軸　好きな「何か」を磨いて成功する9つの習慣』（講談社）黄帝心仙人氏

凡人以下の僕が成功するための３つの戦略

2023 年 7 月 4 日　　第 1 刷発行

著　者 ―― 内田正彦
発　行 ―― 日本橋出版
〒 103-0023　東京都中央区日本橋本町 2-3-15
https://nihonbashi-pub.co.jp/
電話／ 03-6273-2638
発　売 ―― 星雲社（共同出版社・流通責任出版社）
〒 112-0005　東京都文京区水道 1-3-30
電話／ 03-3868-3275
© Masahiko Uchida Printed in Japan
ISBN 978-4-434-32231-0
落丁・乱丁本はお手数ですが小社までお送りください。
送料小社負担にてお取替えさせていただきます。
本書の無断転載・複製を禁じます。